非上市公司
股权激励
一本通 | 第2版 |

陈楠华 ● 著

EQUITY INCENTIVE
NON-LISTED COMPANY

中国铁道出版社
CHINA RAILWAY PUBLISHING HOUSE

内 容 简 介

　　常言道，经营企业就是经营人才，实际上就是经营人才的需求。企业实施股权激励，是满足人才需求的必由之路，也是一种利益分享制度和竞争工具及融资手段。实施股权激励，企业就有可能踏上高速发展的道路，基业长青；不实施，则会故步自封，让优秀人才大量流失，企业被一个个的竞争对手超越，最终被人收购、兼并甚至倒闭。

　　本书基于"股权激励方案没有最好，只有适合"的理念，从非上市公司的角度出发，将股权激励概念、公司治理、股权激励模式、股权激励方案设计、股权激励融资、控制权等逐一解析。

　　本书结合中国非上市公司的特点，用深入浅出的形式和易于理解的语言、图文并茂、案例丰富、侧重实战方法和策略，全方位阐述了非上市公司股权激励计划设计的方法和技巧及公司治理等相关内容，非常适合企业将其应用在实践中。

图书在版编目（CIP）数据

非上市公司股权激励一本通/陈楠华著. —2版. —北京：中国
铁道出版社，2019.1
　ISBN 978-7-113-24741-6

　Ⅰ. ①非… Ⅱ. ①陈… Ⅲ. ①股权激励－研究 Ⅳ. ①F272.923

中国版本图书馆 CIP 数据核字（2018）第 229839 号

书　　名：非上市公司股权激励一本通（第 2 版）
作　　者：陈楠华　著

责任编辑：张亚慧　　　　　　　读者热线电话：010-63560056
责任印制：赵星辰　　　　　　　封面设计：MXK DESIGN STUDIO

出版发行：中国铁道出版社（100054，北京市西城区右安门西街 8 号）
印　　刷：三河市兴博印务有限公司
版　　次：2017 年 7 月第 1 版　2019 年 1 月第 2 版　2019 年 1 月第 1 次印刷
开　　本：700mm×1000mm　1/16　印张：16.75　字数：240 千
书　　号：ISBN 978-7-113-24741-6
定　　价：49.00 元

1987 年，任正非集资 21 000 元人民币创立华为公司。创立初期，虽然资金困难，人员短缺，但华为没有依靠银行借贷，也没有从资本市场获得任何投资，凭借在内部实行股权激励，依靠内部融资渡过了资金难关，也稳住了创业团队，为华为在以后几十年的高速发展奠定了基础。

由此可见，在企业的发展过程中，股权激励是留住人才、凝聚人才、激励人才、获得资本的一种有效手段。

2007 年 6 月，富安娜制订《限制性股票激励计划》，以定向增发的方式，向激励对象发行 700 万股限制性股票，用于激励高管及主要业务骨干。

2008 年 3 月，为了配合 IPO 进程，富安娜终止上述计划，并将所有限制性股票转换为无限制性的普通股。同时，与持有原始股的余松恩、周西川、陈瑾、吴滔、曹琳等人协商签署了《承诺函》。双方在《承诺函》中约定：持有原始股的员工"自承诺函签署日至公司上市之日起三年内，不以书面的形式向公司提出辞职、不连续旷工超过七日、不发生侵占公司资产并导致公司利益受损的行为，若违反上述承诺，自愿承担对公司的违约责任并向公司支付违约金"。

2008 年 7 月至 2009 年 9 月间，余松恩、周西川等部分非创业股东在持有富安娜原始股的情况下，先后向富安娜提出辞职申请，并跳槽至富安娜主要竞争对手之一的水星家纺。这为"天价"股权激励索赔系列案埋下了种子。

2012 年 12 月 26 日，已在深圳中小板上市近 3 年的富安娜，对余松恩、周西川、陈瑾、吴滔、曹琳等 26 名自然人股东就《承诺函》违约金纠纷一事，向南山区人民法院提起民事诉讼，要求判令 26 名被告分别赔偿违约金，累计达 8 121.67 万元。

最终，法院于 2015 年 1 月判定原告富安娜公司在这场持续两年有余的股权激励索赔中大获全胜，《承诺函》不违反公平原则，合法有效，上述自然人股东向富安娜支付违约金及利息。

富安娜一案为业界和雇主敲响了警钟，股权激励是有风险的，为了有效保障公司利益，有必要采取相关措施。

2010 年 5 月，1 号店创始人于刚为获得从平安融资的 8 000 万元，让出了 1 号店 80%股权，控制权就此旁落。平安整合 1 号店未果后，又将 1 号店控股权转让给沃尔玛。经过多次传闻后，1 号店在 2015 年 7 月 14 日晚间正式确认创始人于刚离职。由此，于刚和自己一手创办的 1 号店分道扬镳。

以股权出让方式为主的股权激励，在实行过程中，也会面临控制权旁落的风险。

到底如何才能规避这些风险，让股权激励真正发挥效应，本书的内容包括公司治理、股权激励方案设计、股权融资及控制权把握，就是为了解答企业在股权激励实际操作中遇到的各种问题。

编　者

2018 年 9 月

目 录

C O N T E N T S

第3章 股权激励模式 / 047

第7章　不同类型的股权激励策略 / 195

第 1 章

股权激励概论

随着经济的全球化和人力资本的升值，股权激励作为推动公司业绩发展，留住人才，吸引和聚集人才的方式，受到越来越多企业的重视。

股权激励是对员工进行长期激励的一种方法，通过经营者获得公司股权形式给予企业经营者一定的经济权利，使他们能够以股东的身份参与企业决策、分享利润、承担风险，从而勤勉尽责地为公司的长期发展服务的一种激励方法。

1.1 股权

股权属于财产所有权，是指股东通过合法的方式获得公司股份，并根据所拥有的股份比例而享有的相应的权益，以及应当承担的责任。

股权与股份既有一定的联系，又有一定的区别。股份是股份公司资本的计量单位，代表了股东在公司资本中所占的投资份额，体现了股东所拥有的股东权，并且这种权利可转让。

股份证书是股份的表现形式。股份制企业的类型不同，股份证书的具体形式就不同。股票是股份的表现形式，是证明股份有限公司的股东身份的凭证。股票是在股份有限公司成立之后签发的，因此股票只是将已经存在的股东权表现出来。拥有了股票，就可以行使股东权利。股票是形式，股份是内容。

股权的分类（见图1-1）。

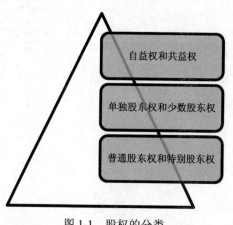

图 1-1　股权的分类

1. 自益权和共益权

从股权的内容和形式股权的目的来分，可将股权分为自益权和共益权。自益权主要是财产权，是指股东为了自己的利益和目的行使的权利，如股利分配请求权、公司盈余分配请求权、退股权、股票交付请求权、剩余财产分配请求权、股份转让权、股东名册变更请求权、新股优先认购权等。

共益权是股东为了自己利益、目的的同时，兼顾公司利益，而行使的权利，如公司合并无效诉讼提起权、质询权、累积投票权、公司解散请求权、股东会和董事会决议无效确认请求权和撤销请求权、股东会议召集权、临时股东大会召集请求权、股东账簿查阅权、代表诉讼提起权、表决权、提案权等。自益权和共益权的共同点在于，两者都维护了股东的利益、目的；不同点在于自益权主要与财产、自身利益等紧密相连，共益权主要保护了公司和全体股东的利益、目的。

2. 单独股东权与少数股东权

根据股东行使权利的方式，可将股权分为单独股东权和少数股东权。单独股东权是指每一单独股份享有的权利，就是无论股东持股数量多少，无论股东是否在公司担任职务，无论担任哪种职务，只要具备股东身份，都可以依照法律和公司章程行使权利。如表决权、宣告决议无效请求权、公司剩余财产分配权、分派股息请求权等。

少数股东权是相对于单独股东权而言的，是指股东持有的公司已发行股份数额达到一定的比例，才能行使一定的权利。例如《中华人民共和国公司法》第一百零二条规定：单独或者合计持有公司百分之三以上股份的股东，可以在股东大会召开十日前提出临时提案并书面提交董事会。少数股东权可以防止有些股东滥用权利侵害另一些股东的利益，更好地维护公司及全体股东的利益，维护公司的经营和发展。

3. 普通股东权和特别股东权

根据股权的主体，可分为普通股东权和特别股东权。

股份有限公司的股份分为普通股和特别股，股权的主题也相应地分为普通股东权与特别股东权（见图 1-2）。普通股东权又称为一般股东权，是指持有普通股产生的股东权，由于同种类股份每一股的金额相等，每一股份具有同等权利，因此普通股东的每一股份都有着相同的权利和义务。

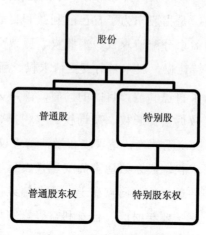

图1-2　普通股和特别股

不同的是，当股东持有的股份超过股份有限公司股份一定数量时（按照公司股份总数的比例计算），表决权要受公司章程的限制。这样的限制是为了防止持有股份多的股东滥用权利，损害其他股东和公司的利益。普通股东权包括经营参与权、剩余财产请求权、收益分配请求权、优先认股权等。

特别股东权是指股份有限公司中特定股东所拥有的权利，如公司的发起人，持有特别股份（如优先股、后配股、混合股和偿还股）的股东所享有的权利。特别股东权的权利因股份的不同而各有差异，概括起来有四个共同点。

第一，对公司的一些事项有优先表决权。

第二，公司盈余时，在弥补亏损和提取公积金后，优先分得股息和红利。

第三，公司解散清算时，若有剩余财产，可获得优先分配。

第四，普通股东分得盈余或剩余财产后，有剩余的，才能获得盈余或剩余财产的分配。

股份有限公司中的特别股份源于股份有限公司制定的公司章程，并没有与"股东平等原则"对立。一方面，特别股东在某些方面的利益优于其他股东，在另一些方面的利益就劣于其他股东；另一方面，在特别股份中，同一股份内的股东间仍然是平等的。

从股东权利的具体内容来看，股权内容还可以分为以下几个方面：

第一，收益权。是指股东按照出资或者所持股份向公司要求分配盈余的权利，这是股东的基本权利。

第二，表决权。是指股东对公司的重大事项拥有表决的权利，如无特殊规定，所持股份比例越大，表决权力越大。

第三，选举权。在股份有限公司中，并不是所有的股东都会参与公司的管理，公司管理由董事会负责，而董事则由股东会选举产生。

第四，知情权。我国《公司法》规定，股东有权查阅财务会计报告、公司章程和股东大会会议记录，对公司重大事项具有知情权。

第五，转让权。是指股份转让权，但是不同形式的公司的出资或者股份的转让有不同的法定条件，但原则上股东具有股份转让权。

第六，分配权。是指剩余资金分配权，股东对于公司清算时的剩余资产有分配的权利，但行使的前提是公司的净资产在清算时大于公司的债务。

第七，优先权。是指优先认购权，包括对转让出资的优先购买权以及发行新股的优先认购权。但这一权利，我国对股份有限公司有特别规定，股份有限公司的股东不具备转让出资的优先购买权，发行新股的优先认购权则是由股东大会决定是否拥有。

第八，诉讼权。是指股东的权利在受到损害时，有权向法院提起诉讼，以保障其股权可通过两种方式取得：一是直接诉讼；二是派生诉讼。

正是因为股权包含了这么多的权利，所以非上市公司进行股权激励，对员工的激励效果是其他的激励手段所无法比拟的。

1.2 股权激励的概念与理论基础

股权激励是股份有限公司给企业的经营者一定股权，使企业的经营者获得一定的经济效益与权利，如以股东的身份参与企业决策，分享企业利润，承担企业风险，从而起到激励企业经营者尽责的为股份有限公司的长期发展服务。

股权激励有三个特点（见图1-3）。

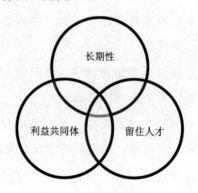

图1-3　股权激励的特点

第一，股权激励是一种长期的激励机制。股权激励使员工拥有了股份，拥有了公司的一部分股东权益，这样员工就成了企业的主人翁，不仅会关注公司的近期成绩和业绩，也会关心公司的长远发展，真正地对企业负责、尽责。

第二，股权激励使员工利益和企业利益变得紧密，员工和企业构成了利益共同体，增强了股份有限公司的凝聚力，可以更好地调动员工的积极性和创造性。

第三，员工不仅仅有工资、奖金等福利方面的需求，也追求一定的人生价值，股权激励为人才的自我提升提供了一定的平台，帮助公司留住人才、吸引人才。

股权激励产生于美国，1952年，美国菲泽尔公司设计并推出了世界上第一个期权计划。1956年，美国潘尼苏拉报纸公司第一次推出员工持股计划（ESOP）。随着社会的发展，股权激励逐渐被世界各国企业认可和接受。在我国，北京天桥百货股份有限公司于1984年第一次正式吸收个人入股。随着市场竞争的变化，现在已经有越来越多的股份有限公司开始进行股权激励。

股权激励是一种长期激励机制，其产生的理论基础主要三项（见图1-4）。

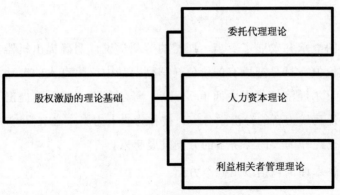

图 1-4 股权激励的理论基础

1. 委托代理理论

委托代理理论是因为经济学家研究企业内部信息不对称和激励问题而发展起来的。权利的所有者由于知识、能力或其他原因无法行使自己的权利，于是授予有着特殊才能和专业才能的人一定的权利，给他们相应的报酬。前者是委托人，后者就是代理人。这就产生了委托代理关系。

委托代理关系适用于解决许多问题，如国有企业中的国家和国企经理的关系、国企经理和雇员的关系、股东和经理的关系、医生和病人的关系、债权人和债务人的关系等。

企业的所有者和经营者追求的东西是不一样的。在委托代理关系中，委托人追求的是企业利益最大化，代理人追求的是自己的利益最大化，这样两者的目标出现了差异，容易导致利益冲突。

在实际情况中，代理人的一些行为委托人并不知晓，企业所有者不可能参与到企业的所有事务中，因此很容易出现代理人为了追求个人利益而损害委托人利益的现象。为了使两者的利益最大化，就可以使用股权激励机制。股权激励机制将委托人和代理人的利益捆绑在一起，在让代理人获得利益的同时自己也能获利。科学、合理的股权激励计划，能够有效地激励员工发挥最大的价值。

2. 人力资本理论

人力资本理论起源于 18 世纪欧洲产业革命后。英国的经济学家亚当·斯密在 1776 年出版的《国富论》中首次将人力视为资本，这是人力资本投资的萌芽思想。

李嘉图继承并发展了亚当·斯密的劳动学说，明确提出机器和自然物不能创造价值，只是把原有的价值转移到商品中，只有人的劳动才能创造价值。诺贝尔经济学奖得主西奥多·W. 舒尔茨第一次系统提出了人力资本理论，使其成为新的经济学分支，被称为"人力资本之父"。如今，人力资本理论已经作为一门经济学的分支发展起来。

人力资本理论包括以下四个方面：

第一，人力资源是所有资源中最主要的资源，人力资本理论是经济学的核心问题。

第二，在经济增长中，人力资本的作用大于物质资本的作用。

第三，人力资本的核心是提高人口的质量，教育是提高人口质量的主要手段。

第四，教育投资要随着市场供求关系来调整。

人力资本理论把资本划分为人力资本和物质资本。物质资本体现在物质产品上，人力资本体现在人身上，将人自身的资本与物质资本等同。这样，在经济活动过程中，一方面要制造各种物质资料，另一方面要发展人的智力、知识、技能等，以提高人的生产能力。

人力资本有不同的分类方法。人力资本可分为一般能力、完成特定工作的能力、组织管理能力和资源配置能力，也可分为显性人力资本与隐性人力资本。显性人力资本是可以观察到的价值或可以确定的价值。隐性人力资本是存在于人脑中或企业组织关系中的知识、经验、技能、创新力、价值观念等。

人力资本有以下三种激励方式（见图1-5）。

一是产权激励。产权激励就是通过产权合约的形式使激励对象拥有企业所有权。对人力资本的激励是否有效首先取决于产权制度安排。产权激励适合企业的管理层和操作层。

二是权力、地位激励。要强化和提高人力资本的权力、地位和作用，设立首席执行官、独立董事等职位，组建战略决策委员会之类的机构，达到充分利用并尊重优秀人才的效果。

三是企业文化激励。无法用法律来约束一些行为的时候，可以依靠社会道德来约束。企业也是同样的方式，当企业无法用制度来约束员工的一些行为，可以依靠企业文化来约束。

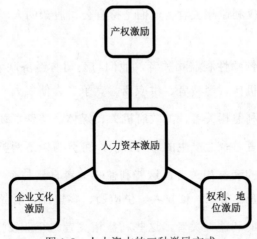

图 1-5   人力资本的三种激励方式

将人力资本理论用到现代企业中，对于股权激励有很大的指导意义。可以激励企业员工发挥主观能动性，帮助企业委托人和代理人调和利益分配问题。

3. 利益相关者管理理论

"利益相关者"一词最早出现在 1929 年，通用电气公司一位经理的就职演说中。1963 年，斯坦福大学研究所明确提出了"利益相关者"的定义，提出企业中除了股东，还存在其他一些影响企业生存的群体。1984 年，弗里曼在《战略管理：利益相关者管理的分析方法》一书中，明确提出了利益相关者管理理论。

企业的利益相关者不仅有股东、债权人、企业员工、供应商、零售商、消费者、竞争者、本地居民、本地社区、中央政府、地方政府及社会活动团体、媒体等，还有自然环境、人类后代等受到企业经营活动影响的对象。

这些利益相关者有的对企业进行了投资，有的分担了企业的风险，有的为企业的经营发展积极努力，有的对企业进行监督和制约。企业的生存和发展不仅仅依赖于股东，与企业的利益相关者也有密切关系。

因此，企业的经营决策和行为必须要考虑他们的利益得失，接受他们的约束。

利益相关者管理理论是指企业经营者为综合平衡各利益相关者的利益和要求而开展的行动。从对企业决策的影响和被企业活动影响来分，利益相关者可以分为多种类型。

从利益相关者拥有的资源方面，可分为以下三类：

第一，所有权利益相关者，他们是持有公司股票的人，如董事会成员、经理等。

第二，经济依赖性利益相关者，他们与公司有经济联系的人，如企业员工、内部服务机构、消费者、供应商、竞争者、债权人、地方社区等。

第三，社会利益相关者，如政府机关、媒体、特殊群体等。

从利益相关者对企业产生的影响方面，可分为以下两类：

第一，直接的利益相关者，这些利益相关者直接与企业发生市场交易关系，如股东、企业员工、债权人、供应商、零售商、消费商、竞争者等。

第二，间接的利益相关者，这些利益相关者与企业发生非市场交易关系，如中央政府、地方政府、外国政府、社会团体、媒体、一般公众等。

从与企业的相关群体及是否是真实的人方面，可分为以下四类：

第一，主要的社会性利益相关者，他们可以直接参与。

第二，次要的社会利益相关者，他们通过社会活动与企业形成间接关系，如政府、社会团体、竞争者等。

第三，主要的非社会利益相关者，这些对企业活动有着直接影响，如自然环境。

第四，次要的非社会利益相关者，他们与企业没有直接联系，如环境保护部门、动物保护部门等。

1.3　股权激励的原则

据一些网络消息："自 2018 年 1 月开始，万得信息技术股份有限公司已经有十几位元老级的员工离职，其中不乏在万得工作超过十多年的老员工，而该公司成立时间是 2005 年。"马云曾说过："员工离职的原因无非两个：一是钱没给够；二是心累了！"那么，到底是什么原因呢？我们可以从一些公开信息去了解一下。

2018 年 2 月，新湖中宝以 13.68 亿元购买万得 6% 的股权，公告中披露万得 2016 年营业收入为 13.29 亿元、净利润为 8.125 亿元、净利率高达 60% 以上，新湖中宝对万得的估值为 228 亿元。

业绩这么好的公司，为什么还有大批元老级员工离职呢？除了工作时间每周超过 60 小时，对员工管控过于细致以外，最大的原因就是股权激励不合理，微薄的销售提成和迟迟无法兑现的股权，成了压倒员工的最后一根稻草。

原本属于"激励性质"的股权，变成了一种压力。公司股权激励的制度是"给了股权，就就不能涨工资，并且对应着严格的考核。一旦犯错，就要扣掉 5% 到 10% 的股权，即使员工离职，公司也只会以净资产价格进行回购"。这样的股权激励制度失去了激励的意义，它并没有遵守股权激励设置的原则。

股权激励是一把双刃剑，具有两面性，用得好就能起到激励的作用和效果，用得不好就成了"慈善"和"福利"。在股权激励过程中，遵从一定的原则，才能留住人才创造价值，才能起到吸引经营者长期服务的目的（见图 1-6）。

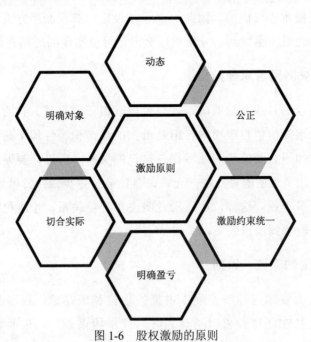

图 1-6　股权激励的原则

1．明确股权激励的对象

企业为了生存和发展，要留住重点员工和业务骨干。因此，企业的股权激励应形成阶梯化的方式，注重高级管理人员和核心技术员工，通过绩效考核，制定提成和分红，这样才能够吸引和留住高素质人才，让员工自发工作。

股权激励应根据激励对象的职位，采取不同的方法。比如，管理人员和技术骨干，采用限制性期股和业绩分红权相结合的方式，销售经理和销售骨干，可以采用限制性期股的方式、业绩股票的方式，一般员工可以采用期股的方式。

2．设定的股权激励方案要切合实际

设定的股权激励方案要切合实际是一个非常重要的原则。有的企业所有者在股权激励方面非常慷慨，公司效益相对较好，但是员工却置之不理。这是因为企业所有者设定的股权激励方案对于员工来说是无法完成的要求。

例如，有的企业给销售者定的目标是5年达到3亿元。而现实情况是，企业每年的销售额只有600万元，而且公司成立才两年，5年完成3亿元的销售目标是根本不可能的。因此，企业在设定的股权激励方案时一定要切合实际，要让员工感觉到，方案通过努力是可以实现的远期利益。

3．让被激励者明确盈损

被激励者的目的非常明确，就是希望获得一定收益。有的企业前景很好，股权的远期价值也很明确，但是员工的参与积极性却不高。因为员工并不清晰地知道企业的盈利或亏损与自己的关系。所以，要调动员工的参与性，必须让员工明确企业赚一元钱，自己会分多少钱；公司亏损一元钱，自己会亏损多少钱。这样，被激励者明白了利益关系，才能积极地工作，股权激励才能达到预想效果。

4．激励约束统一原则

随着人力资本在经济发展中占据的地位越来越重，很多企业为了留住人才，往往在制订股权激励计划时忽视了约束条件，进而导致一些经理人为了达到考核目标不择手段甚至触犯法律，为企业未来发展埋下隐患。鉴于此，管理者在制订股权激励计划时，应该秉承激励约束统一原

则，在诸如公司的服务期限、同业竞争、竞业禁止、信息保密等方面做出限制。

5．公正原则

股权激励要本着公正的原则，公平对待所有员工，不能凭性别、出生地域、长相、家庭背景及个人喜好来评判员工，只能以该员工的价值及对企业的贡献为标准来衡量。

6．动态原则

企业在不同时期的发展规模、组织结构、经营战略、盈利能力和人员变动情况都是不同的。所以，股权激励模式也应该与时俱进，针对企业具体情况做出相应调整。

例如，企业在初创期和成熟期的发展状况都是不同的，股权激励模式通常也不同；员工升职、调薪、离职，相应的激励额度也应该做出调整。

1.4 股权激励的意义

公司的发展，离不开人才。当今企业间的竞争，归根到底是人才的竞争，而股权激励在留住人才、吸引人才、降低人力成本等方面具有无可比拟的优势（见图 1-7）。

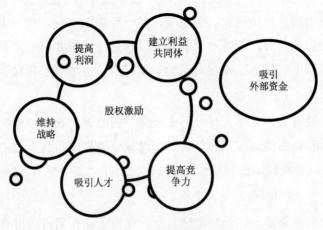

图 1-7 股权激励的意义

1．提高企业利润

股权激励的授予条件，一般是企业利润或收入的增长。在此情况下，激励对象要想获得股权必须要达到一定的业绩指标。激励对象会因此尽最大努力来完成业绩，成为股东后，也会勤勉尽责地为企业服务，努力提高收入，不断降低经营成本，以此提高企业利润。

2．建立利益共同体

企业所有者与企业经营者的利益不是完全一致的，企业所有者关心企业的长远发展和收益，企业经营者更注重在任期内自己的业绩和收益。由于企业所有者与企业经营者的价值取向不同，行为方式必然也会不同，往往会出现经营者为了个人利益而损害企业整体利益、长远利益的行为。

股权激励机制有效弱化了企业所有者与企业经营者之间的矛盾，端正了经营者的心态，并促使两者形成利益的共同体，提高了企业的凝聚力和竞争力。经营者变成了股东，代理人变成合伙人，这种身份的变化使员工心态发生了根本上改变，过去是为别人"打工"，如今自己成了企业的"老板"，作为"老板"，不仅关心企业的经营状况和发展状况，而且会及时制止一切损害企业利益的行为。

3．维持企业战略

股权激励有利于消除员工的一些短期行为，维持企业战略的整体性和长期性。

传统的激励方式如提成、奖金等，是一种短期收益，在一定程度上刺激了员工的短期行为，有时对企业长期、稳定的发展并不一定是有利的。股权激励机制不仅让员工重视自己的长期行为，也加强了其对公司未来发展前景的关注。

作为一般员工都会有一种"不安全感"的心理，这种心理促使员工为了获得短期利益而实施的一些行为，有时候可能会威胁到企业的长期利益和整体利益。股权激励机制使员工在心理上有了"安全感"，这对企业战略的顺利推行是一种保障。

股权激励本身是一种长期激励机制，使员工在任期内获得收入，卸任后也会得到一部分利益。这样，员工不仅关心在自己任期内公司的盈亏状况，也会关注企业的长远发展。由此，员工的短期行为被削弱，有利于提高企业的凝聚力和竞争力。

4．吸引人才、保留人才

股权激励有利于吸引外部优秀人才，留住内部精英。

通过高薪和奖金等方式来吸引人才、稳定人才，往往会提高企业的经营成本，给企业的现金流带来较大压力。引入股权激励机制，使员工能够分享企业发展所带来的收益，可增强员工的归属感和认同感，达到激发员工的积极性和创造性的目的。

股权激励能够体现员工的长期价值，可以提高员工的工作积极性，增强了员工对企业的忠诚度。一般情况下，员工只有在企业的服务达到一定的年限后，才可以获得相应的股权。加之多数公司的股权往往都有一些设定限售要求、回购条件等。因此，股权激励是一种非常有效的留住人才、稳定人才的方法和有力武器。

5．吸引外部资金

除了内部效应，股权激励的外部效应也不可忽视。比如，通过出让股权来筹资、融资，获得企业发展我需要的资金。

6．提高企业的业绩和竞争力

员工成为企业股东后，能够享受企业收入增长带来的红利，有利于刺激员工发挥积极性和主动性。对于一些管理人员、技术人员来说，拥有分享利润的权利后，会采用各种方式降低成本，加强管理的能力，进行技术创新，积极拓展市场空间，这些都有利于提高企业的经营业绩和核心竞争力。

1.5 非上市公司股权激励的特点

作为一种长效的激励方式，股权激励并不是上市公司的专利，对于非上市公司而言，股权激励不受法律限制，可选模式多，方案设计灵活，操作障碍少，如果运用得当，激励效果非常明显（见图 1-8）。

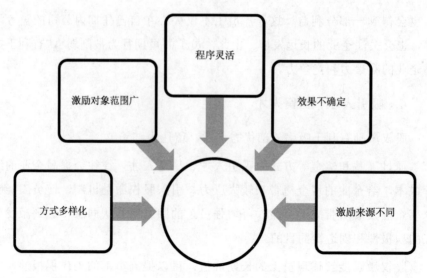

图 1-8　非上市公司的股权激励特点

1. 方式多样化

非上市公司股权激励的方式比上市公司更加多样。上市公司股权激励一般采用限制性股票、股票期权等方式。非上市公司股权激励可以是股权形式，也可以是非股权形式，如虚拟股票、增值权、利润分享计划、长期福利计划等。

2. 激励对象范围广

非上市公司股权激励对象的范围比上市公司广。由于我国《公司法》对股东人数有一定限制，如有限公司的股东不能超过 50 人，股份有限公司股东不能超过 200 人。因此非上市公司股权激励对象往往局限于企业的管理骨干和技术骨干，普通员工一般不会成为股权激励的对象。另外，非上市公司股权激励不受证监会规定的约束，公司监事也可以成为股权激励对象。

3. 程序灵活

非上市公司股权激励程序灵活、额度不受限制。非上市公司股权激励方案不用在证监会备案，手续相对简单，操作较为灵活。非上市公司股权激励方案的额度不受股权激励总额度不超过 10%的限制，具体激励内容可以根据企业的实际情况制定。

4．效果不确定

非上市公司股权激励效果不确定。非上市公司股权激励的效果与未来是否上市有密切关系。非上市公司股权不在证券市场进行交易，股权流通性较差，因此，如果非上市公司不计划上市，那么股权激励的效果可能差一些。非上市公司如果有较好的上市前景，那么股权上市以后就会大幅度增值，股权激励就会有更好的效果。

5．激励来源不同

上市公司股权激励来源主要为公开发行的股票，对非上市公司而言，由于无法在公开市场发行股票，所以激励来源主要为增资扩股、期权池预留、股东出让、股份回购、提取奖励基金、储蓄参与计划等。

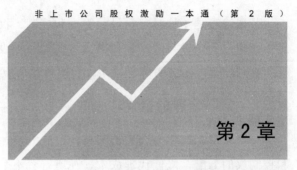

第 2 章

公司治理与股权激励

2015 年 1 月 30 日，西少爷创始人之一宋鑫以自身股东知情权无法得到履行为由，将曾参与创立的奇点兄弟计算机科技北京有限公司告上了法庭。至此，西少爷这一本来前途无限的明星创业公司，却在公司刚刚走上正轨时，陷入了股权纠纷，创始人团队开始分崩离析。

西少爷为什么会陷入股权之争？深挖原因，还是公司治理的问题。公司就像一栋楼，地基的深度和牢固程度决定了这座楼能盖多高，浅而不稳的地基，迟早会出现"大厦倾倒"的现象。

2.1 何为公司治理

公司治理是一种对公司进行管理和控制、权力安排的体系。它不仅规定了公司的各个参与者，如董事会、经理层、股东和其他利害相关者的责任和权利分布，而且明确了决策公司事务时所应遵循的规则和程序。

2.1.1 公司治理的概念

公司治理，又称为公司治理结构、法人治理，其实质是通过对索取权和控制权的分配，降低代理成本，使所有者不干预公司的日常经营，同时又保证经理层能以股东的利益和公司的利润最大化为目标。

公司治理有以下三方面的含义。

一是公司治理结构中各组织的设置方式、权利义务，以及各组织行使权利的制度或规范。

二是企业股东、董事会、监事会、经理层相互之间的激励约束机制的制度或规范。

三是相关利益对企业决策和活动的监督。

现实中，很多人会把公司治理与企业管理混为一谈，其实二者既有区别又有联系。

二者的联系在于公司治理为企业管理创造了良好的环境，使企业管理能够全力以赴开展经营活动，而企业管理在一定程度上体现了公司治理效果。

公司治理与企业管理的区别主要体现在以下三个方面（见图 2-1）。

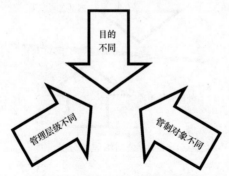

图 2-1　公司治理和企业管理的区别

1. 目的不同

公司治理的目的是保证企业的顺利发展、保障股东利益最大化。公司治理的工作重点在于协调股东大会、董事会、监事会和高级管理层之间的关系，并保证各自的利益。企业管理的目的是企业利益最大化，工作重点在于保证经营活动顺利开展，保证每一项经营活动达到预期收益和效果。

2. 管理层级不同

公司治理是单一层级治理，董事会、监事会和高级管理层等都属于高层。企业管理是多层级管理，企业组织有几层，企业管理就分几层，并且各层管理之间相互联系，不可分割。

3. 管治对象不同

公司治理的对象都是重大事项，如一年的经营计划、重大投资决策、管理层的聘用及薪酬的决定、董事会的决策执行等。企业管理的对象是对经营活动进行组织、指挥、协调，以保证企业经营活动顺利进行。

根据治理环境和运行机制的不同，公司治理又可分为内部公司治理和外部公司治理（见图 2-2）。

内部公司治理是指企业所有者对企业经营者的监督和管理，通过规章、制度和法律等手段分配各自的权利与责任，目的是保证股东利益的最大化，同时防止所有者和经营者之间的利益有所背离。

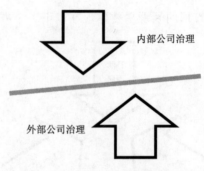

图 2-2　公司治理的分类

外部公司治理主要是指企业与利益相关者之间的关系，通过内部或者外部制度，正式或非正式的制度来协调两者之间的关系，以达到最终维护公司利益的目的。

2.1.2　公司治理的风险

公司治理的风险一旦出现，将会损害股东的利益，因此必须对公司治理风险进行管理和监控。

风险是指在一定时间内，损失发生的可能性。公司治理风险是指由于公司治理制度不健全、公司治理运行机制不科学等原因，给企业的经营带来的负面影响，从而波及企业的健康发展，损害股东利益。

公司治理的风险包含三个方面（见图 2-3）。

图 2-3　公司治理的风险

一是股东与股东之间的风险。公司股权的集中与分散程度是股东与股东之间产生风险的基本原因。企业股权高度集中，会出现大股东通过一些手段侵犯小股东利益的风险，如大股东占用资金、操纵盈余等。企业股权高度分散时，常常需要通过选举股东代表来行使股东权利，这时候股东代表容易出现道德风险。

二是股东大会、董事会和监事会的治理风险。董事会和监事会是由股东大会选举产生的，所做的决议必须符合股东大会的决议，而股东大会、董事会和监事会应该维护企业股东的利益。

在"一股独大"的企业中，股东大会往往由大股东控制，如果治理机制不完善，很容易引发道德风险。很多中小企业中，担任经理职位的人往往是董事会的成员，如果监督机制缺乏，公司治理的风险将会大大增加。公司机构中，监事会是重要的监督机关，但实际状况是很多企业的监事是由企业领导任命的，很难起到监督作用。

三是外部因素对公司治理风险的影响。管理层的变动、法律法规体系不健全、会计信息的质量等都有可能会引发公司治理风险。

例如，2005 年，健力宝原董事长张海被立案调查；2012 年，新华人寿前董事长关国亮获刑 6 年；2013 年深圳航空前实际控制人李泽源被公诉；2014 年，成都国腾电子实际控制人何燕被批捕，2015 年，雷士照明创始人吴长江被刑拘，罪名都是"挪用资金罪"。

为什么这样的事例屡禁不止，就是因为公司治理结构不完善，没有形成健康、健全、科学、合理的现代股权企业管理制度，往往造成"一言堂"独断决策或"随性"决策，小股东唯大股东马首是瞻，或是屈从于股权占比而忍声吞气，任由高层拆借、挪用资金，致使企业资金链断裂，影响企业正常的经营发展。

鉴于上述风险，企业应该积极管理和监控公司的治理风险。一是优化企业股权结构，避免企业股权高度集中或高度分散，建立股权制衡机制；二是完善公司治理结构，规范股东大会、董事会和监事会的权利和职能；三是建立长期激励制度，将管理人员的利益与企业的长期发展紧密联系在一起，避免管理人员的短期行为和道德风险；四是建立科学的选择和评价经理人才的竞争机制。

2.1.3 公司治理与股权激励

股权激励是公司治理的重要手段，是对经营者实施长期激励的有效手段。

股权激励机制与公司治理相互促进，公司治理结构的完善有利于股权激励机制的实施，而股权激励机制又会改进公司治理结构、降低代理成本、提升管理效率、增强公司凝聚力和竞争力，有利于公司更加规范的运作。

完善股权激励机制，首先要建立外部监管机制，加强对经理层的监督和约束，如培育法律健全的资本市场，完善经理人市场、提升经理人的素质和能力；其次要完善公司内部治理结构，加强公司内部监督，如提高董事会的决策力、突出监事会对公司董事会成员和管理层的监督、科学规定股权激励的实施内容、保证股权激励机制的完整性等；最后，需制定科学的、完整的及符合自身企业现状的绩效考评标准。

股权激励机制用得好可以为企业扫除障碍，用得不好也会对企业的长远发展埋下隐患。因此，企业要结合自身状况来"量体裁衣"，实事求是制订股权激励计划、完善股权激励机制，更好地改进公司治理。

2.2 公司治理的主要模式

由于经济、历史、政治、文化等方面的差异，各国之间的公司治理都不相同，主要有英美模式、德日模式和家族模式三种模式（见图2-4）。

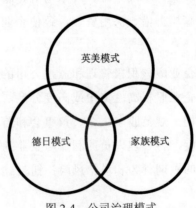

图 2-4 公司治理模式

2.2.1　英美模式

英美模式又称为外部控制型治理模式（见图 2-5），是指由股东大会选举董事组成董事会，董事会负责企业的经营管理并进行监督，企业通过公司章程来设置和分配权利，规范各个机构之间的关系，基本遵循决策、执行、监督三权分立的框架。

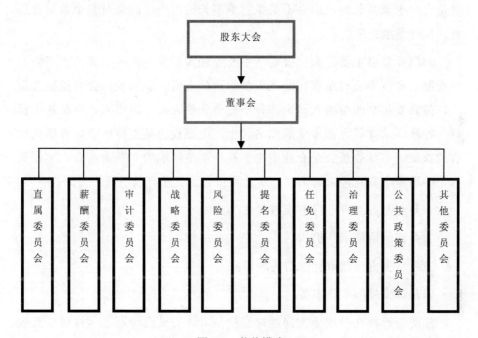

图 2-5　英美模式

1. 股东大会

英美模式中，虽然大多情况下股东大会是公司的最高权力机构，但是企业无法将股东大会作为一种常设机构，也不可能经常召开股东大会。同时，英美公司的股东较为分散，不少股东只持有少量股份。因此，治理成本较高。于是股东大会将权力委托给一些大股东或者有权威的人，这些人组成董事会。股东大会与董事会形成了一种委托代理关系。

2. 董事会

董事会是企业的常设机构，由股东大会授予一定的权力。同时在董事会内部设立不同的委员会，如直属委员会、薪酬委员会、审计委员会、战略委员会、风险委员会、提名委员会、任免委员会、治理委员会、公共政策委员会、其他委员会等。

其中直属委员会是董事会的常设机构，负责企业的管理决策，其他则是一些辅助性的委员会。这委员会都由董事长直接领导。董事长直属委员会由董事长随时召集并向董事会提交会议记录和建议。董事长直属委员虽然是直属于董事长的，但并不是执行董事长的命令，而是对整个董事会负责，执行董事会的决议。

薪酬委员会主要是制定公司董事及经理人员的考核标准和考核工作，负责制定和审查公司董事、经理人员的薪酬方案。薪酬委员会对董事会负责。战略委员会的组成人员大部分不是企业的人员、出资人，而是从事管理、经济、法律等方面专业的知名人士，主要权力是支持或否定首席执行官的决策。审计委员会是企业中由非执行董事组成的专业委员会，工作重点是协助董事会完善公司治理。审计委员会的工作有以下四个方面。

一是对财务报告进行审核与评估；

二是监督内部审计机构；

三是负责内外部审计部门的沟通；

四是负责外部审计事务。

注册会计师在发现重大问题时直接与审计委员会沟通。这样可以有效地发挥注册会计师的独立作用。

英美模式的企业将董事分成内部董事和外部董事。内部董事是指企业现在的职员，或者过去是企业职员但现在仍然与企业有重要商业联系董事。内部董事一般都担任重要职务，是企业的核心成员。内部董事一般有 3 人，很少超过 5 人。外部董事也称为外聘董事，是指不是企业职员的董事，如不参与企业管理和经营的股东、聘任的不是企业股东的一些专家、学者等。

这种由外部董事占据一定比例和重要地位的制度，可以避免董事与经理人员身份重叠、出现利益冲突，保证董事会的独立，有利于管理层做出正确的价值判断，提高决策的科学性，促进决策效益的最大化，进而达到维护股东和企业的利益的目的。

3. 首席执行官

首席执行官是在企业中负责日常事务的最高行政官员。首席执行官一般是从董事会中选出来，其权力由董事会授予。首席执行官的设置，使企业的经营权进一步集中。

首席执行官一般由董事长或者董事长的接班人兼任。当企业发展较为成熟时，会设立一个首席营业官，来协助首席执行官管理企业日常业务。有的企业由总裁兼任首席营业官。也有一些企业，由董事长兼任首席执行官和总裁，然后设立一个首席营业官协助。有的企业还会设立副总裁，如执行副总裁、资深副总裁。副总裁主要负责某一部分的重要事务。也有一些企业让副总裁担任子公司的董事长、首席执行官。

4. 外部审计制度

英美模式的企业没有监事会，董事会内部设立的审计委员会，只是协助董事会完善公司治理。英美模式的企业常常会聘请审计事务所来对企业进行独立审计。另外，政府的审计机构每年都会定期或不定期地对企业进行审计，并对企业所聘请的审计事务所进行审查。这样，保证了公司财务状况信息的真实披露，同时也能防止一些违法行为。

英美模式的优点在于完善的法律监督体系，可以保护股东利益。由于企业管理人员关注短期收益，因此采用一些股权激励机制，效果较为明显。英美模式的缺点在于企业管理人员非常关注短期收益，容易产生短期行为，对企业的一些长远投入有不利影响。企业的股权较为分散，资本结构不稳定，因此企业被兼并的风险加大。

2.2.2 德日模式

德日模式又称为内部控制型治理模式，以银行控制为主，即在企业发展过程中，银行是企业的核心。

德日模式是一种主银行制度，是指企业以一家银行作为企业的第一位贷款银行，并接受银行的金融信托和财务监控。相应的，主银行对企业实行相关治理机制，也可以拥有企业的股份，包括有投票权的股份。

德日模式具有下面几个特征（见图 2-6）。

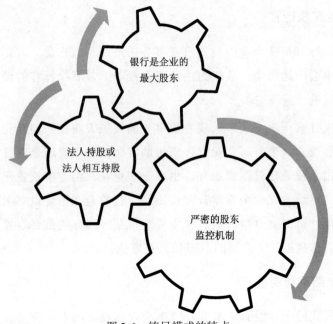

图 2-6　德日模式的特点

1. 银行是企业的最大股东

日本的主银行制度包含三层关系。一是银行和企业的关系，主要指主银行与企业在融资、持股、信息和管理方面形成的关系；二是银行和银行之间的关系，主要指由于企业的存在，银行与银行之间所形成的关系；三是政府和银行之间的关系。通过以上三层关系，形成了一个相互制约、相互交叉的整体。

德国的银行在企业经营之初只是向企业提供贷款，当企业拖欠银行贷款时，银行就成了企业的股东。除此之外，德国的银行还可以间接持股，成为个人股东股票的保管人。当个人股东把股票交给自己所信任的银行保管，同时个人股东签署授权书，把自己的投票权转让给银行，这样银行就得到了许多股票投票权。

德国和日本的相同之处在于，银行都是企业的最大股东，因此企业的股权也相对集中。不同之处在于，日本的银行在企业中持股数量最多，控制了企业主要的外部融资渠道，德国公司则更依赖于大股东的直接控制及通过大股东监控经理阶层。另外，德国公司更依赖于内部资金融通，所以德国银行不像日本银行那样能够通过控制外部资金来源对企业施加有效的影响。

2. 法人持股或法人相互持股

法人持股尤其是法人相互持股的现象在德日非常普遍，是指基于一定的协议建立起来，使企业和银行之间相互渗透、相互制约，有利于企业规模的扩大和长远发展的一种模式。

法人相互持股使得企业和银行形成战略同盟，大大降低了市场风险。同时也降低了成本，提高了运营效率，提高了企业市场竞争力，保证了企业的稳定发展。

例如丰田、住友等公司，它们通过建立母子公司的关系，达到密切生产、技术、流通和服务等方面相互协作的目的；三菱、第一劝银集团等，则通过环状持股，建立起稳定的合作关系。

3. 严密的股东监控机制

德日企业的股东监控机制常常是通过信赖的中介组织或者股东中可以行使股东权力的个人、组织（通常是一家银行），代替他们控制与监督公司经理的行为，从而达到参与公司控制与监督的目的。如果股东对经理不满意，可直接进行撤换。

德国企业的监控机制主要有两方面特征（见图2-7）。

双层董事　职工参与制度

图 2-7　德国企业的监控机制特征

德国企业设立了执行董事会和监督董事会（也称为双层董事会），来行使执行职能和监督职能。

执行董事会负责公司的运营，监督董事会是股东、职工的代表机构和监督机构，有三方面的权利和职责：监督、任命和解聘执行董事；对企业的重要经营事项做出决策；审核企业资产和账目，可召集临时股东大会。

德国公司监事会的成员一般要求有比较突出的专业特长和丰富的管理经验，监事会主席由监事会成员选举，须2/3以上成员投赞成票通过。这样，就保证了监事会的控制和监督的权利。

另外，银行持有较多的投票权和代理权，在监事会中占据主动地位，当企业经理层和管理人员与股东的意愿相违背时，银行在监事会也可以实施一定的权利，如改组执行董事会，更换或者撤换经理、管理人员等。

德国企业监控机制的另外一个特征是职工参与制度。职工参与制度是指职工参与企业决策或对企业决策施加影响，参与的方式主要是选举职工代表，成为监事会或董事会中的一员，职工参与代表的人数和选举依据企业的规模确定。

职工参与制度的实施，有利于实现对企业的监督，也有利于企业的稳定和持续发展，减少了企业被外国投资者接管的风险。

日本董事会中股东代表较少，董事会不是股东行使监督和控制权利的机构。表象上看，董事会中没有银行代表，但实际上在董事会中至少有一名董事是主银行的前任主管。他存在的意义就是为主银行收集信息，并对企业经理和管理人员进行监督和控制。

因此，日本银行有双重作用，一是发挥领导的作用，二是行使监督和控制权利。当企业盈利的时候，银行只是一个合作伙伴；当企业盈利下降或者亏损时，主银行就会通过在董事会任职的董事来获取企业信息，及时行使监督和控制权利；当对企业经营业绩不满时，主银行可以召开股东大会或董事会来撤换企业的领导层。另外，还可以通过定期举办的"经理俱乐部"会议对公司管理层施加影响。

德日模式的优点在于银行与企业相辅相成，在监控和控制职能方面，比较有效率；股权相对集中、股东不会轻易转让股权及法人相互持股，使公司股权结构比较稳定，降低了被接管的风险，有助于维护企业长期稳定发展。德日模式的缺点在于企业过多地追求市场份额和增长率，忽视了利润和股价的上涨，容易对企业的利益和个人股东的利益造成了影响；同时，主银行制度容易形成垄断，不利于公平竞争。

2.2.3 家族模式

家族模式是指企业所有权与经营权没有实现分离，或没有完全分离，企业的重要控制权在家族成员中配置的一种治理模式。采用这种模式的多为家族企业，以血缘、姻缘或亲缘关系基础，由家族成员担任企业重要职务。

家族模式又称为家族控制型治理模式，因各个国家和地区历史、环境的不同，而有一定的差异，其中又以韩国和东南亚国家的家族模式较为典型。

家族模式具有以下几个明显的特征（见图 2-8）。

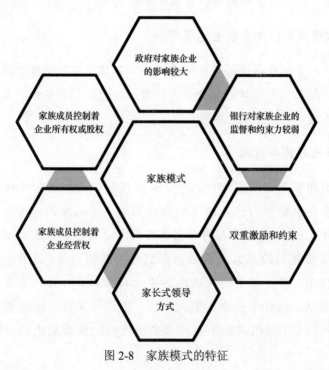

图 2-8 家族模式的特征

1. 家族成员控制着企业所有权或股权

在韩国和东南亚的家族模式中，由家族成员控制企业所有权或股权的情况非常普遍，其表现形式有以下五种。

一是企业创立之初所有权由一个创业者所有，创业者离任后，企业的所有权由创业者子女共同拥有；

二是企业创立之初所有权由参与创业的家庭成员（如兄弟姐妹）共同拥有，当企业传至第二代或第三代时，企业所有权由他们的子女共同拥有；

三是企业创立之初所有权由具有血缘、姻缘和亲缘的家族成员共同拥有，当企业传至第二代或第三代时，企业所有权由这些人的子女共同拥有；

四是创业者与家族外其他人或企业合资创业，由创业者控股，企业股权传至第二代或第三代时，由第二代或第三代联合共同控股；

五是因外界因素将部分股权转让给家族外的其他人或企业，或让企业进行公开上市的家族企业的所有权属于家族成员。

2. 家族成员控制着企业经营权

在韩国和东南亚国家的家族模式中，家族成员通过两种方式控制企业经营权。一是由兄弟姐妹控制企业经营权；二是由具有血缘、亲缘和姻缘关系的家族成员共同控制企业经营权。

3. 家长式领导方式

在韩国和东南亚的家族模式中，家长式领导是以儒家文化为基础而产生的。家族企业中的重大决策由企业创始人一人做出，其他家族成员做出的决策必须得到创始人的同意。如果企业的创始人已经离任，由第二代家族成员做出的重大决策必须得到创始人的同意。当企业的领导权传至第三代后，第三代接班人做出的重大决策，第二代和第三代的家族成员必须服从。相对于企业创始人来说，第二代和第三代的企业领导人的权威已经降低，因此家族企业传至第三代的时候容易出现内部矛盾和冲突。

4. 双重激励和约束

在韩国和东南亚的家族模式中，家族成员受到家族利益和亲情的双重激励和约束，家族企业的创业者是为了光宗耀祖或改变家庭的经济状况而创业，而第二代和第三代经营者的责任是维持家族企业的生存和发展，保障家族成员的经济利益。

因此，无须用规范的制度对经营者进行监督和约束。随着世界经济的发展，以家族利益和亲情为基础的激励和约束机制，加大了家族企业的解体的风险。

5．银行对家族企业的监督和约束力较弱

东南亚的家族企业中，有些是创业的时候就选择了银行业，然后扩展到其他行业；有的是创业的时候选择了与银行无关的行业，然后扩展到了银行业。不管是哪种形式的银行，都必须服从家族的整体利益。

因此，在东南亚的家族企业在中，银行作为家族实现利益的工具，对家族企业的监督和约束力较弱，没有涉及银行业的家族企业则采用担保的形式向银行融资。在这种情况下，银行对家族企业的监督和约束力也非常小。

韩国的银行由政府控制，家族企业的经营活动必须符合政府的政策要求，只有不与政府的政策相违背，才能获得银行的贷款。因此，对于韩国的家族企业来说，银行只是一个筹资的方式，对家族企业并没有太多的监督和约束力。

6．政府对家族企业的影响较大

在东南亚国家，家族企业常常受到政府的限制。比如，政府为了本地经济的发展，常常对华人家族企业设限。华人家族企业为了发展，只能采取与政府企业合作的方式，或者安排政府退休官员、官员亲属在企业中任职，增进与政府的关系。

韩国政府对家族企业则采取引导和扶持的措施。对于符合政府政策要求的，政府会给予各种优惠，并进行引导和扶持；对于不符合要求的，会在各方面加以限制，如金融、财政、税收等。

家族模式的优点在于它是一种家长式、集权式的管理方式，增强了领导者的执行力和竞争力，可以适应市场的快速变化，使企业快速发展；家族模式以血缘、亲缘和姻缘关系为基础，非常注重亲情，有相同的价值观和责任感，容易使家庭成员达成共识；另外，家族企业减少了信息传递的时间和环节，使运作成本相对降低。

家族模式的缺点在于决策缺乏科学性。家族企业的权力高度集中，容

易出现个人独裁、专断现象，当规模越来越大时，领导者决策失败的风险也随之增大；当家族企业缺乏规范和约束制度时，家族内部人员很容易产生纠纷。

2.3 公司治理准则

公司治理的最终目标是实现企业利益最大化，其核心与重点是使股东大会、董事会、监事会和经理层各司其职，各尽其责。因此，要求企业建立相应的激励、监督和制衡机制，合理分配各自的权限和利益。

2.3.1 股东大会及其议事规则

股东大会由全体股东组成，是企业所有者对企业行使管理权的组织，是企业的最高权力机关和最高决策机关，体现着全体股东的意志。股东大会可以选举或任免董事会和监事会成员，决定经营方针，对股东的利益进行分配，但是股东大会并不介入企业的生产、经营和管理，也不代表企业对外发生关系。

健全的股东大会议事规则，有利于股东大会规范运作、减少或消除纰漏。

1. 股东大会的类型

股东大会有三种类型（见图 2-9）。

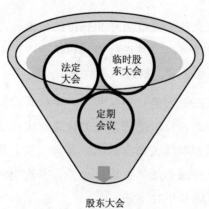

股东大会

图 2-9　股东大会类型

（1）法定大会：股份公司从开始营业起，在最短不少于一个月，最长不超过三个月的时期内举行一次公司全体股东大会。会议主要任务是审查公司董事向公司各股东提出的法定报告，目的在于让所有股东了解和掌握公司的经营情况。

（2）定期会议：股东大会定期会议又称为年度股东大会，每年召开一次，需在上一个会计年度终结的六个月内召开。

年度股东大会可以讨论公司章程规定的任何事项。

（3）临时股东大会：当出现牵涉企业利益和股东利益的重大事项时，可以召开临时股东大会。

我国《公司法》规定，有以下情形之一的，应当在两个月内召开股东大会：

董事人数不足本法规定人数或者公司章程所定人数的三分之二时；

公司未弥补的亏损达实收股本总额三分之一时；

单独或者合计持有公司百分之十以上股份的股东请求时；

董事会认为必要时；

监事会提议召开时；

公司章程规定的其他情形。

2．股东大会的职责

决定公司的经营方针和投资计划；

选举和更换非由职工代表担任的董事、监事，决定有关董事、监事的报酬事项；

审议批准董事会的报告；

审议批准监事会或者监事的报告；

审议批准公司的年度财务预算方案、决算方案；

审议批准公司的利润分配方案和弥补亏损方案；

对公司增加或者减少注册资本做出决议；

对发行公司债券做出决议；

对公司合并、分立、解散、清算或者变更公司形式做出决议；

修改公司章程；

公司章程规定的其他职权。

3. 股东大会的召开

股东大会以集中开会为主要形式，见表2-1。

表2-1 股东大会形式

有限责任公司	股份有限公司
首次股东会会议由出资最多的股东召集和主持，代表十分之一以上表决权的股东，三分之一以上的董事，监事会或者不设监事会的公司的监事，可以提议召开临时会议	单独或者合计持有公司百分之三以上股份的股东，可以提议召开临时会议
设立董事会的，股东会会议由董事会召集，董事长主持；董事长不能履行职务或者不履行职务的，由副董事长主持；副董事长不能履行职务或者不履行职务的，由半数以上董事共同推举一名董事主持。董事会或者执行董事不能履行或者不履行召集股东会会议职责的，由监事会或者不设监事会的公司的监事召集和主持；监事会或者监事不召集和主持的，代表十分之一以上表决权的股东可以自行召集和主持	股东大会会议由董事会召集，董事长主持；董事长不能履行职务或者不履行职务的，由副董事长主持；副董事长不能履行职务或者不履行职务的，由半数以上董事共同推举一名董事主持。 董事会不能履行或者不履行召集股东大会会议职责的，监事会应当及时召集和主持；监事会不召集和主持的，连续九十日以上单独或者合计持有公司百分之十以上股份的股东可以自行召集和主持
召开股东会会议，应当于会议召开十五日前通知全体股东	召开股东大会会议，应当将会议召开的时间、地点和审议的事项于会议召开二十日前通知各股东；临时股东大会应当于会议召开十五日前通知各股东；发行无记名股票的，应当于会议召开三十日前公告会议召开的时间、地点和审议事项
股东会会议由股东按照出资比例行使表决权；但是公司章程另有规定的除外	股东出席股东大会会议，所持每一股份有一表决权。但是公司持有的本公司股份没有表决权

4. 股东出席股东大会的方式

股东可以本人出席股东大会，也可委托代理人出席股东大会会议，代理人应当向公司提交股东授权委托书，并在授权范围内行使表决权。

5．股东大会决议

股东大会决议分为普通决议和特别决议。股东大会做出的普通决议，需由出席股东大会的股东（包括股东代理人）所持表决权的二分之一以上通过。股东大会做出的特别决议，需由出席股东大会的股东（包括股东代理人）所持表决权的三分之二以上通过。

股东会会议做出修改公司章程、增加或者减少注册资本的决议，以及公司合并、分立、解散或者变更公司形式的决议，必须经代表三分之二以上表决权的股东通过。

2.3.2　董事会、监事会及其议事规则

1．董事会及其议事规则

董事会是依照法律、章程设立的，由股东大会选举产生的，代表股东大会行使公司管理权限的权力机构，也是一个常设机构。

董事会对股东会负责，行使下列职权：

召集股东会会议，并向股东会报告工作；

执行股东会的决议；

决定公司的经营计划和投资方案；

制定公司的年度财务预算方案、决算方案；

制定公司的利润分配方案和弥补亏损方案；

制定公司增加或者减少注册资本以及发行公司债券的方案；

制定公司合并、分立、解散或者变更公司形式的方案；

决定公司内部管理机构的设置；

决定聘任或者解聘公司经理及其报酬事项，并根据经理的提名决定聘任或者解聘公司副经理、财务负责人及其报酬事项；

制定公司的基本管理制度；

公司章程规定的其他职权。

董事会议事规则见表 2-2。

表2-2 董事会议事规则

有限责任公司	股份有限公司
董事会会议由董事长召集和主持；董事长不能履行职务或者不履行职务的，由副董事长召集和主持；副董事长不能履行职务或者不履行职务的，由半数以上董事共同推举一名董事召集和主持	股份有限公司设董事会，其成员为五人至十九人。董事会成员中可以有公司职工代表。董事会中的职工代表由公司职工通过职工代表大会、职工大会或者其他形式民主选举产生
董事会的议事方式和表决程序，由公司章程规定	董事会设董事长一人，可以设副董事长。董事长和副董事长由董事会以全体董事的过半数选举产生。董事长召集和主持董事会会议，检查董事会决议的实施情况。副董事长协助董事长工作，董事长不能履行职务或者不履行职务的，由副董事长履行职务；副董事长不能履行职务或者不履行职务的，由半数以上董事共同推举一名董事履行职务
董事会应当对所议事项的决定做成会议记录，出席会议的董事应当在会议记录上签名	董事会每年度至少召开两次会议，每次会议应当于会议召开十日前通知全体董事和监事。代表十分之一以上表决权的股东、三分之一以上董事或者监事会，可以提议召开董事会临时会议。董事长应当自接到提议后十日内，召集和主持董事会会议
董事会决议的表决，实行一人一票	董事会决议的表决，实行一人一票
股东人数较少或者规模较小的有限责任公司，可以设一名执行董事，不设董事会。执行董事可以兼任公司经理	董事会会议应有过半数的董事出席方可举行。董事会做出决议，必须经全体董事的过半数通过

2. 监事会及其议事规则

监事会由股东大会选举产生，是企业为了防止董事会、经理滥用职权，损害企业和股东利益而设立的监督机关，也是企业的常设机构。股份有限公司设监事会，其成员不得少于三人；股东人数较少或者规模较小的有限责任公司，可以设一至二名监事，不设监事会。

监事会行使下列职权：

检查公司财务；

对董事、高级管理人员执行公司职务的行为进行监督，对违反法律、行政法规、公司章程或者股东会决议的董事、高级管理人员提出罢免的建议；

当董事、高级管理人员的行为损害公司的利益时，要求董事、高级管理人员予以纠正；

提议召开临时股东会会议，在董事会不履行本法规定的召集和主持股东会会议职责时召集和主持股东会会议；

向股东会会议提出提案；

依照《公司法》第一百五十二条的规定，对董事、高级管理人员提起诉讼；

公司章程规定的其他职权。

监事会议事规则见表 2-3。

表 2-3　监事会议事规则

有限责任公司	股份有限公司
监事会会议由监事会主席召集和主持；监事会主席不能履行职务或者不履行职务的，由半数以上监事共同推举一名监事召集和主持监事会会议	监事会会议由监事会主席召集和主持；监事会主席不能履行职务或者不履行职务的，由监事会副主席召集和主持监事会会议；监事会副主席不能履行职务或者不履行职务的，由半数以上监事共同推举一名监事召集和主持监事会会议
监事会每年度至少召开一次会议，监事可以提议召开临时监事会会议	监事会每六个月至少召开一次会议。监事可以提议召开临时监事会会议
监事会决议应当经半数以上监事通过	监事会决议应当经半数以上监事通过

选举董事、监事时，需要注意人员资格问题。按照《公司法》的规定，有下列情形之一的，不得担任公司的董事、监事、高级管理人员：

无民事行为能力或者限制民事行为能力；

因贪污、贿赂、侵占财产、挪用财产或者破坏社会主义市场经济秩序，被判处刑罚，执行期满未逾五年，或者因犯罪被剥夺政治权利，执行期满未逾五年；

担任破产清算的公司、企业的董事或者厂长、经理，对该公司、企业的破产负有个人责任的，自该公司、企业破产清算完结之日起未逾三年；

担任因违法被吊销营业执照、责令关闭的公司、企业的法定代表人，并负有个人责任的，自该公司、企业被吊销营业执照之日起未逾三年；

个人所负数额较大的债务到期未清偿。

公司违反前款规定选举、委派董事、监事或者聘任高级管理人员的，该选举、委派或者聘任无效。

董事、监事、高级管理人员在任职期间出现第一条所列情形的，公司应当解除其职务。

2.4 初创公司的股权架构设计

劳燕分飞的"西少爷"，一夜分家的"泡面吧"，对簿公堂的真功夫……无数初创公司死在股权分配问题上。狂热的创业热潮往往使创始团队忽视了最初的股权分配问题，也为日后的纷争埋下了隐患。

股权结构是股份公司总股本中，不同性质的股份所占比例及由此对公司产生的影响力和相互制约关系。

从股权的集中与分散方面来看，可分为三类（见图2-10）。

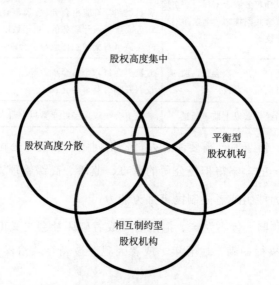

图2-10　股权结构的分类

1. 股权高度集中

股权高度集中，股东所持的股份比例在50%以上，拥有企业的绝对控制权。

这种股权结构类似"一言堂"和家长式管理模式，公司董事会、监事会和股东会形同虚设，企业的经营管理由一个人决定，缺乏制衡机制，很容易将企业行为与大股东个人行为混同，从而导致决策失误，资金运用不透明，增大企业经营风险。

例如，葵花药业实际上是一个典型的"一股独大"性家族式企业。关氏家族通过葵花集团和金葵投资间接控制的葵花药业股权比例高达60.97%，再加上公司实际控制人关彦斌和妻子张晓兰、弟弟关彦明持有的股份，关氏家族对葵花药业的实际控股比例高达82.84%，具有绝对控制权。

2．股权高度分散

股权高度分散，每个股东拥有的企业股份都在10%以下，公司没有大股东。这种股权结构因为有着大量小股东的存在，容易引发公司管理层的道德危机，使公司各项决策变得异常复杂，公司大量的精力和时间消耗在股东之间的博弈中。

3．平衡型股权机构

公司大股东之间的股权比例相同或非常接近，没有其他小股东或者其他小股东的股权比例极低。实际操作中，由于每个股东对公司的贡献是不同的，如果股权一样，会导致公司控制权与利益索取权的失衡，容易为未来的利益分配埋下隐患；另外，这种股权结构很可能形成股东僵局，当出现意见分歧时，因大股东持股比例相同，无法实现统一决策。

真功夫就是典型的平衡性股权结构，公司设立之初，蔡达标夫妻与潘宇海持股比例各为50%，即使在2007年引进私募股权投资后，两者的持股比例依旧为47%：47%，这就为日后的股权之争埋下了伏笔。

4．相互制约型股权机构

公司拥有较大的相对控股股东，同时还拥有其他大股东，所持股份比例在 10%～50%之间。这种结构下的股权关系是相互制约的，没有哪个股东具有绝对控制权，同时也不存在大量的小股权干扰股东会决策，是一种比较合理的股权结构。

例如，暴风影音的股权结构中，CEO 冯鑫持股 28.4%，拥有较大相对控制权，和谐成长持股 10.89% 为第二大股东，冯鑫、韦婵媛、曲静渊等公司董事及高管持股 4.35%，蔡文胜、江伟强等外部自然人股东持股 20.22%，没有绝对控股的股东，但可以通过委托、合计持有获得相对控股权，形成一种相互制约机制。

很显然，前三种都是不合适的。创始团队在分配股权时，要注意不要形成一股独大或高度分散的股权状态，也要摒弃按照人数平均分配的思想。不妨考虑将各创始人的贡献及价值量化，使股权分配更加合理公平。

例如，考虑创业点子、技术贡献、资金贡献、商业计划书、资产贡献五个要素，评估各个要素的价值和各创始人的相对贡献，将每个要素的权重设为 0～10 分（见表 2-4），根据对企业的重要程度，给予不同的评分。比如广告传媒公司，对创意的依赖性大，创意的重要性可能是 7～8 分；一家互联网企业，可能更依赖于技术，技术贡献的权重可能是 6～7 分。

表 2-4　各要素评估表

要素	权重
创意点子	
技术贡献	
商业计划书	
资产贡献	
资金贡献	

接下来，各个创始人都可以基于这些要素来评估其贡献（见表 2-5），谁投入的启动资金？谁提出的创业想法？谁制定的商业计划书？谁有较强的专业知识？谁提供的办公资产？谁有行业人际关系？谁负责融资？谁负责把产品推向市场？分值依然在 0～10 之间。

表 2-5　创始人贡献评估表

要素	创始人 A	创始人 B	创始人 C	创始人 D
创意点子				
技术贡献				
商业计划书				
资产贡献				
资金贡献				

然后，根据合伙人股权计算公式来分析如何分配股权。经过评估后，各创始人贡献和各要素权重评估如下（见表 2-6）：

表 2-6　各创始人贡献和各要素权重评估

要素	权重	创始人 A	创始人 B	创始人 C	创始人 D
创意点子	6	4	4	7	0
技术贡献	5	5	6	6	0
商业计划书	3	1	0	1	3
资产贡献	5	0	2	2	0
资金贡献	4	0	2	0	5

把每个创始人在要素上贡献程度的分数，与该要素的重要性程度分数相乘，计算出加权分数（见表 2-7）。再把每个创始人的数字加起来，概括出总数，然后判定相对百分比。最后，进行一次合理性检查，判断这个百分比是否符合实际中的逻辑，并相应地对它们进行调整。

表 2-7　创始团队股权分配计算方法

要素	创始人 A	创始人 B	创始人 C	创始人 D	
创意点子	24	24	42	0	
技术贡献	25	30	30	0	
商业计划书	3	0	3	9	
资产贡献	0	10	0	0	
资金贡献	0	8	0	20	
分数合计	52	72	85	29	合计：238
股权比例	22%	30%	36%	12%	合计：100%

这是第一轮股权分配，在此基础上考虑召集人、信誉资产、各创始人承担的责任大小等因素，以及为投资者进入和未来的股权激励预留空间等，再进行适当调整，使股权结构更加合理。

2.5　公司不同阶段的股权释放

不同的发展阶段，公司所能释放的股权比例也不同（见图 2-11）。

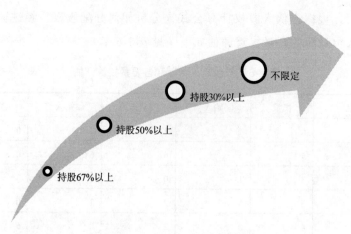

图 2-11　企业不同阶段的股权释放

1．初创期

初创企业存在着没有足够资金和资源，人才匮乏，开拓市场较为吃力等问题，很多事情需要出资者亲自上阵。这时为了吸引和留住人才，可以考虑采用股权激励方式。

第一种是岗位分红激励，类似"年终奖"，企业建立绩效考核制度和人事制度，年终的时候企业拿出一部分分红激励技术人才和管理人才。

第二种是注册股激励。但需要注意的是创始人持股的额度尽量大于或等于 2/3（67%的股份），也就是说释放的额度不超过 1/3。

创业初期，企业治理结构还不完善，管理者经验相对欠缺，创始人只有掌握企业 67%以上的股份，才能保证对企业有绝对控制权，在兼并、重组、解散、修改公司章程等重大事件具有话语权，能够左右企业命脉。

2．发展期

处于发展期的企业，管理制度逐步建立和健全，企业文化逐渐形成，股权结构相对完善，企业经营规模不断扩大，开始进入良性循环状态。这个时候企业创始人主要担任"领导者"和"管理者"的角色，应着眼于选拔、培养、招聘中层管理人才，并建立和健全企业文化。因此，在这个时期，创始人持有的股份最好大于 1/2，获得相对控股地位，无论是以后面对外围股东的牵制，还是上市后的股权稀释都可以应对自如。

3．扩展期

处于扩展期的企业发展较为迅速，营收和规模都急速扩大。这一时期，企业创始人一方面进一步释放股权，吸引更多的优秀人才加入；另一方面，考虑新的资本的注入。

由企业股东注入新资本是最好的，当然也可以考虑引入外围股东。这时候，创始人需将股权控制在 1/3 以上。因为拥有的股权超过 1/3 代表着对企业的重大事件具有否决权。

4．成熟期

步入成熟期的企业，发展稳定，各项规章制度和激励机制都能充分发挥作用；中高层管理人员流动性较小，实行职业经理人考核机制，所有权和经营权分离；企业财务状况改观，现金流增加，有的企业开始准备冲击 IPO。

这个时候，即使创始人仅仅持有 5% 的股份，控制权也不会旁落。因为在公司的章程中，会制定一些保护创始人或者大股东核心利益的条款。例如，在章程中规定实行双层股权架构，创始人持有的股份具有 10 倍的表决权，或者规定在董事会成员中由企业创始人提名的董事占半数以上，以此保障创始人对企业的影响力和控制力。

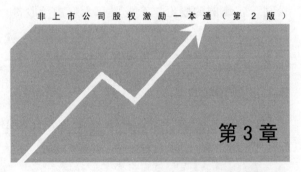

第 3 章

股权激励模式

随着现代企业制度的发展和完善，公司股权管理技术日益复杂化，世界各国的大公司为了有效激励公司管理人员，纷纷创新激励方式，推出各种形式的股权激励模式，包括期权模式、虚拟股权模式、员工持股计划、股票增值权模式、业绩股票模式等，本章进行详细介绍。

3.1 干股

3.1.1 干股的概念

干股是指以一个有效的赠股协议为前提，股东不必实际出资就能占有公司一定比例的股份。企业股东无偿赠予股份，被赠予者享有分红权，按照协议获得相应的分红，但不拥有股东资格，不具有对公司的实际控制权，干股协议在一定程度上来说就是分红协议。

3.1.2 干股的意义

作为人力资源资本化的表现形式，干股具有三方面的重要意义（见图 3-1）。

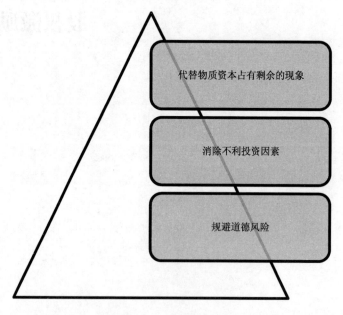

图 3-1　干股的意义

（1）干股作为股权激励的一种方式，代替了物质资本占有全部剩余的现象，使得劳动者通过投入人力资本而获得剩余。

（2）干股消除了许多不利于投资的因素。在资本模式时代，掌握物质资本的人由于缺乏知识和专业技能而不敢投资于新的、先进的领域，拥有知识和专业技能的人由于缺少物质资本而无法实现人力资源资本化。干股使管理、技术、劳务、信息等可以作为人力资本，拓宽了资本的投资渠道，这样可以提高投资的积极性，提高资源的使用率。

（3）所有权和经营权分离是现代企业制度的形式，这种形式存在着委托—代理问题，容易出现"道德风险"，干股使得人力资源所有者将自己和企业的业绩联系起来，有利于调动人力资源所有者的积极性和创造性，提高劳动效率，在一定程度上规避道德风险。

3.1.3 获得干股的情形

（1）干股可以是部分股东对股东之外的人赠与股份，也可以是全体股东对股东之外的人赠与股份（见图 3-2）；

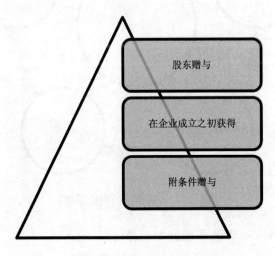

图 3-2 获得干股的情形

（2）人力资源所有者可在企业创立之初获得干股。在企业创立之初，专业技术、知识、经营信息都可以作为人力资源投入并获得干股。在企业发展过程中，企业中一些重要的人力资源如经营管理者、科技人员，通过企业或股东的赠与而获得干股。有时候普通员工也会因亲戚、朋友的身份而获得企业赠与的干股。

若企业在发展过程中赠与干股，企业没有发行新的股份，那么原有股东所持股份比例就会下降。

（3）干股可以是附条件的股份赠与，也可以是未附条件的股份赠与。是否获得干股，要视干股的赠与协议的效力和最终协议的履行情况。

3.1.4　干股激励要明确的事项

实行干股激励，需要明确以下几个事项（见图3-3）。

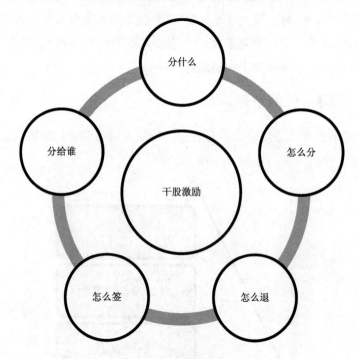

图 3-3　干股激励的明确事项

1．分给谁——明确干股激励对象

干股激励对象的范围可以有步骤地慢慢扩大，刚开始的时候制度不完善，激励到核心层，如董事、经营管理层。看到希望以后，再激励到骨干层，如核心技术人员、业务骨干。最后激励到普通员工。

2．分什么——确定干股激励内容

干股激励在整体上要协调。首先干股激励力度要科学。企业要根据

过去 3 年企业的盈利状况来确定干股激励的比例。同时也要参照行业标准和宏观经济环境，科学地进行分配，符合员工的期望值，也不要造成浪费。其次要确定干股激励的兑付方式，如现金奖励、现金+虚拟股，现金+福利等。

3．怎么分——分配方式

要根据企业状况和员工实际情况制定考核标准，考核标准最好不超过 3 个。设立行权条件，明确规定干股股东为一次性行权，还是分 2 年、3 年行权。企业要避免干股激励变成形式，规定由专人来负责干股激励的实施。

4．怎么退——制定干股退出方式

企业要与干股股东约定退出干股激励机制。对于主动离职的干股股东，需要解除合同。对于被动离职的干股股东，如因贪污、受贿、侵占公司财产、泄露企业秘密等被辞退的，如果给企业带来了损失或者对企业声誉造成了影响，企业不仅可以解除干股激励，还可以对被动离职的干股股东进行索赔。对于法定离职的干股股东，如退休、丧失劳动能力的，可根据企业的经济状况和其他实际情况来制定不同的退出方式。

5．怎么签——协议签订

企业要与干股获授对象签订激励协议，如分红协议、保密协议、规章制度、薪酬制度等。

3.1.5 典型案例

HYDM 股份有限公司，是国内阀门领域的龙头公司，在国内长距离调水领域占有 6% 的市场份额，国家的重点工程如水电、水利、钢铁、化工、市政都使用了该公司的产品。虽然该公司具有较高的行业地位，但因为激励机制设计出现了问题，使公司面临了较为严峻的问题与考验。

问题表现：

第一，面临巨大竞争压力：众多优秀的产品研发、工艺设计人才大量流失，导致公司技术水平直线下降，逐步丧失技术领先的优势地位。一旦公司产品技术专利保护期到期，公司将面临巨大的竞争压力。更为严重的是，技术人才跳槽到竞争对手公司，增加了竞争对手的实力。

第二，业绩极速下滑。过去的核心营销人才流失殆尽，导致市场开发速度停滞甚至出现倒退的现象，同时加上国家基建投资增速减缓，公司近3年的业绩都出现停滞状态，2016年更出现大幅下滑的情况。

第三，运营生产混乱。管理人员流动率的提高，导致公司生产计划编排、库存、采购、品质、生产管理出现混乱，从而导致产品质量下降、成本提高、交货及时率下降，最终影响了公司产品的市场竞争力。

第四，组织管理失序。人才的缺失，管理人员的高流动率，也导致整个员工队伍人心涣散、责任心不强、奋斗激情不高、部门间配合度较差，整体执行力大大降低。

因此，HYDM公司需要通过股权激励来维持骨干团队的干劲儿、激发工作激情，进一步提升公司经营效益、让股东与员工都获得较好的收益，同时提升公司的市场竞争力。

股权激励方案设计要点：

激励方式：DYFM公司根据自身情况，选择了干股作为主要激励方式。因为干股属于虚拟股权，激励对象只有分红权、没有所有权、表决权、转让权以及继承权。同时，激励对象无须出资购买，只需缴纳一定金额的保证金即可。如此既能保证公司的稳定性，也消除了激励对象的资金压力。

激励条件：

第一，激励对象获得干股，每份干股缴纳X元保证金；

第二，逾期不缴纳视为放弃参与股权激励计划；

第三，公司按照X%的年利率支付激励对象保证金利息；

第四，股权激励收益从销售业绩中按一定比例提取，销售业绩Y亿元以下部分，按照X%提取。

激励时间：干股分红收益按照下年度X月份（窗口期）结算。有两种方式：一是提现，当期提现X%，下期提现X%；二是以结算窗口期内部股价购买股份，可同合伙公司间接持有，同时允许激励对象以不高于X%的比例配置购股。

激励对象：覆盖面较广，首次拟邀对象占员工总数的20%。

3.2 期权

3.2.1 期权的概念

期权又称为选择权,是一种衍生性金融工具。是指买卖双方在期权交易中达成一种金融合约,规定买方向卖方支付期权费后拥有的在未来一段时间内或未来某一特定日期以事先规定好的价格向卖方购买或出售一定数量的特定标的物的权利,但不负有必须买进或卖出的义务(期权买方拥有选择是否行使买入或卖出的权利,而期权卖方必须无条件地服从买方的选择并履行成交时的允诺)。

从本质上讲,期权实质上是在金融领域中将权利和义务分开进行定价,使得权利的受让人在规定时间内对于是否进行交易,行使其权利,而义务方必须履行。

期权作为一种崭新的长期激励机制,有着无可比拟的优势,但也存在着缺点,我们来逐一分析(见表3-1)。

表 3-1 期权模式的优缺点

优点		缺点	
利益一致	通过授予核心人员期权,能有效地把企业利益和个人利益结合起来,实现了经营者与资产所有者利益的高度一致性,使激励对象为公司的长期发展勤勉尽责	影响公司股本结构	激励对象的行权会分散股权,影响到现有股东的权益,可能导致股权纠纷和经济纠纷
方式灵活	激励对象持有股份期权得到的是一种选择权,激励对象可以根据具体情况选择行权或不行权,方式更加灵活	具有一定风险	只有在公司持续、健康发展的情况下,股份价格才会上涨,股份持有人才能获得收益,如果公司经营恶化,股份价格可能跌破购买价,期权人将同时承担行权后纳税和跌破行权价的双重损失的风险
更加有保障	股份期权锁定了期权人的风险,持有人不行权就没有任何额外的损失,对激励对象来说更有保障	可能导致经营者的短期行为	由于股价的上涨来源于公司业绩的好坏,可能促使公司的经营者追求过多短期利益,忽略公司的长期发展战略,从而影响公司业绩

续表

	优点	缺点
降低成本	股份期权是企业赋予经营者的一种选择权，是在不确定的情况下实现的预期收入，企业没有任何现金支出，有利于企业降低成本，以较小的激励成本吸引和留住人才	
力度大	如果公司成长迅速，股份价格溢价空间大，因此激励力度比较大	
实现报酬多样化	股份期权可以起到减轻企业员工劳动报酬现金支付的压力的作用，把贡献大、现金支付多的劳动报酬的发放在时间上后移，以缓解企业现金流紧张局面，并获得较强的自我积累能力，实现发展	

由此可见，成长性好、具有发展潜力的企业，往往能通过期权模式获得较好的激励效果。

3.2.2　股份期权

期权分为股票期权和股份期权（见图 3-4），针对非上市公司叫作股份期权。

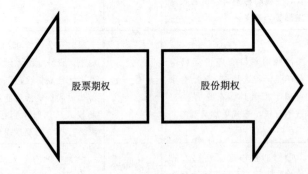

图 3-4　期权模式分类

非上市公司的股份期权有以下几种特点：

第一，该方式的期权权利金是员工牺牲的部分股东薪资；

第二，行权限制。一般来说，员工并不是自签署股权激励协议之日起就能够处理股份期权，而是两年之内都无法任意处理，同时一些公司也为行权增加了类似利润增长等条件。如未能达到该条件，该股份期权就无法行使；

第三，一开始不产生任何交易，只是未来的一个意向协议，激励对象可选择购买或者放弃行权。

股份期权是股票期权的另一种变通方式，随着大量未上市民营公司的出现和发展而产生，在人力资源证券化的过程中，股份期权可依法转换成股票期权，对于解决创业公司及其他未上市公司面临的中高层管理人员和劳动者的激励问题起到了巨大的作用。

3.2.3　期权大小

我国法律并没有对期权池的大小进行明确规定，企业可以根据实际情况设置。但具体因素主要取决于以下两点：

第一，融资轮次。通常来说，进行天使轮和 A 轮融资的公司最好预留出较高的比例，以免在日后的融资过程中因为期权池被稀释、份额缩小，降低了对后续新加入员工的吸引力。

第二，拟激励对象人数。拟激励对象人数越多，期权池需要预留的份额也就越多。所以，公司最好设置一套具有强筛选性的准入机制，以保证激励股权的稀缺性。

期权池越大对员工和投资人的吸引力就越大，对于初创企业而言有利于挖掘更多优秀人才并吸引人才关注。根据股权激励的发源地美国硅谷的诸多成功案例统计，通常预留主体公司全部股份的 10%～20%作为期权池份额是最为合适的。但在实际的操作中，需要注意三点：

第一，投资人一般或要求期权池在其进入之前设立，并在其进入之后仍然能够达到 10%以上的比例。

第二，公司还可以根据拟激励对象的职称、岗位对应的维度、对公司的贡献程度来估算所需份额，最终确定期权池的大小。

第三，公司的创始人、行业特点、地理位置与人才需求都可以作为期权池大小设置的参考。

3.2.4　期权授予

期权的授予，有以下几点需要关注：

第一，期权对应的股权数额；

第二，行权价格。通常来说，A 轮融资之前，公司的股权价格是非常低的，甚至是免费送给公司的合伙人或骨干人员，不过随着公司的发展，价格也会随之上升。因此，定价的原则是跟着授予时的每股公允价值相对应的。在定价的同时还要考虑到对员工的激励作用。

第三，起始日。一般而言，开始授予期权的时间，是从入职当天开始计算。

第四，授予期限。也就是合同对应的全部期权全部支付的时间，期权通常都是按月授予的，也就是说，每个月支付给员工 1/48 的期权，全部支付完毕，员工就能开始行权。

第五，最短生效期。大部分公司的设定是"只有员工在公司工作满一定的时间，期权的承诺才开始生效，一般是 1 年。"也就是说，如果不满 1 年，员工离职是不能行权的，而一旦达到 1 年，期权立即到手 1/4，也就是 1 年的期权，之后剩下的 3 年，每个月到手 1/36。

第六，失效期限。员工离职后，必须在一定的时间内决定是否行使这个购买的权利，期限一般为 180 天。

第七，期权行权。其主要有两种情况：一是正常执行。即员工按照合同约定的行权价格对已经到手的期权行权，购买不超过到手总额的公司股权，只要员工不离职，权利一直有效；二是员工离职。如果员工在最短生效期之后，上市之前离职，则一般在期权合同中规定公司有权以约定价格回购该部分期权，需注意，要根据不同离职原因制定不同回购条款。一般来说，回购价格应该是发生时的公允价值，但也可约定为其他价格，比如每股净资产。

第七，重要调整事项。公司股权如果在公司运营的过程中发生了变动，比如融资、扩股、分红、出售、控制权变化等，那么期权的数额及期权价格应该做出相应的调整，以保证原有期权的价值不会发生变化。因为期权的数量与行权价格反映的是期权授予时而不是行权时的价值。

第八，实现方式。我国《公司法》框架下股权必须与注册资本相对应，因此无法预留股权，但可以采取以下几个方式（见图 3-5）。

创始人代持
- 设立公司时由创始人对应期权池多持有部分股权，公司、创始人、员工三方签订合同，行权时由创始人向员工以约定价格转让

员工持有公司
- 员工通过持有公司持有目标公司的股权

虚拟股票
- 在公司内部建立特殊的账册，员工按照在该账册上虚拟出来的股票享有相应的分红或者增值权

图 3-5　期权的三大实现方式

3.2.5　典型案例

中国海外发展有限公司宣布，本公司于二零一八年六月二十九日（授出日期），已根据其于二零一八年六月十一日采纳的股份期权计划向若干符合资格人士（统称承授人）授出股份期权（股份期权），供承授人认购本公司股份合计 107 320 000 股，唯须待承授人接纳方可落实。

所授出的股份期权概要载列如下：-

授出日期：二零一八年六月二十九日

承授人：404 名承授人包括董事（非执行董事除外）、高级管理人员，以及董事局认定对本公司整体经营业绩和发展有直接影响的核心技术人才和管理人员

授出股份期权之股份数目：107 320 000 股

认购价：每股股份 25.85 港元（认购价不得少于下列两者之较高者：(1)于授出日期联交所的日报表内所载的收市价每股股份 25.85 港元；(2)于紧

接授出日期前五个营业日联交所的日报表内所载的平均收市价每股股份25.60港元。）

股份期权的有效期：自授出日期起计六年

股份期权的归属期：每三分之一所授出股份期权将分别于二零二零年六月二十九日、二零二一年六月二十九日和二零二二年六月二十九日确认归属。

于所授出的 107 320 000 份股份期权中，合计 2 000 000 份股份期权乃授予本公司以下各董事：颜建国：主席、行政总裁及执行董事 700 000；罗亮：执行副总裁、运营总监、总建筑师及执行董事 700 000；郭光辉：副总裁及执行董事 600 000。

股份期权须待由董事局厘定的各承授人若干个人的表现指标及本公司若干业绩的表现指标达成后，方可行使。

向本公司董事授出之股份期权已根据上市规则获得独立非执行董事批准。

除上文所披露者，概无承授人是本公司之董事、最高行政人员或主要股东，或任何彼等各自之联系人。

1．以员工意愿为基础

股份期权的实施不能不顾员工的意愿，强行把员工应得的劳动报酬转换成不能即刻兑现的股份期权，应该在广泛征求员工意愿，并获得绝大多数员工同意的基础上实施。

2．保证员工的现金工资收入

股份期权带有限制性条件，是一种未来经济收益，具有一定的风险，过多地以它来取代员工的现时经济收益，必然会导致员工不满，降低其激励作用。因此，它的实施应首先保证员工现有的现金工资收入。

3．实施的层面要广泛

股份期权的实施不能局限于特定人员或特定层面，不能把它变成一种特权，它的实施层面越广泛，对企业发展起到稳定的作用越大；同时，在企业战略的引导下，实施周期要尽可能长一些，虽然我国立法中没有对股份期权周期有一个明确的规定，但从国际上来看，激励性股票期权周期一般是 5～10 年，例如微软公司、英特尔公司等，确定的股份期权周期都为期限最长的 10 年。因为企业的战略目标是一个长期过程，股权激励要想发挥它的作用，也需要一个较长的周期。

4．操作方法公开透明

股份期权的操作过程应该公开透明，并且有事先确定的完善配套管理制度和绩效考核制度，以增加员工的认同感和信心；同时还要简单明了，让员工看得明白，想得清楚，实施起来更加顺利。

5．避免欺骗行为

股份期权模式实施过程中，要避免任何形式的欺骗行为，以免弄巧成拙，人心涣散，给企业的发展带来振荡。例如，在考核过程中弄虚作假、抹杀员工的贡献、条件满足后不予兑换现金都是非常不可取的。

3.3 限制性股票

3.3.1 限制性股票的概念

限制性股票是指公司按照预先确定的条件授予激励对象一定数量的本公司股票，但激励对象不得随意处置股票，只有在达到规定的服务期限或完成特定业绩目标后，才可出售限制性股票并从中获益。

否则，公司有权将免费赠与的限制性股票收回或以激励对象购买时的价格回购。也就是说，公司将一定数量的限制性股票无偿赠与或以较低价格售予公司激励对象，且对其出售这种股票的权利进行限制。

限制性股票模式最大的特点就在于有限制条件要求，主要体现在两个方面：一是获得条件；二是出售条件。但一般来看，第二个方面是重点，以公司财务指标作为考核条件为多数。

公司采用限制性股票，目的是为了激励高管人员将更多的时间和精力投入到某个或某些长期战略目标中。其优点是无须支付现金，有助于激励对象将精力集中在长期战略，努力完成业绩考核目标；缺点是激励对象在满足授予条件的情况下获得股票之后，股票价格的涨跌会直接增加或减少限制性股票的价值，进而影响激励对象的利益；另外，激励对象获得实际股票，享有所有权，会增加公司管理难度。

限制性股票模式比较适合业绩不佳或处于产业调整过程中的企业。

限制性股票是上市公司的主要激励模式之一，对非上市公司也有很大的参考价值，而且相对于上市公司而言，非上市公司对规范性的要求较低，在具体操作上可以更加灵活，具体表现在以下四点：

第一，未完成解除限售条件，可以约定按公允价格补足购股资金。

第二，双方约定授予时的价格，价格可随双方意愿，在购股资金支付模式上也可进行其他安排。

第三，未完成解除限售，已经发放的分红可以不进行处理，或者约定解除限售前不享有分红权；

第四，解除限售条件可以根据市场实际情况进行调整。

此外，非上市公司实施限制性股票激励时，还需要注意以下两点（见图 3-6）。

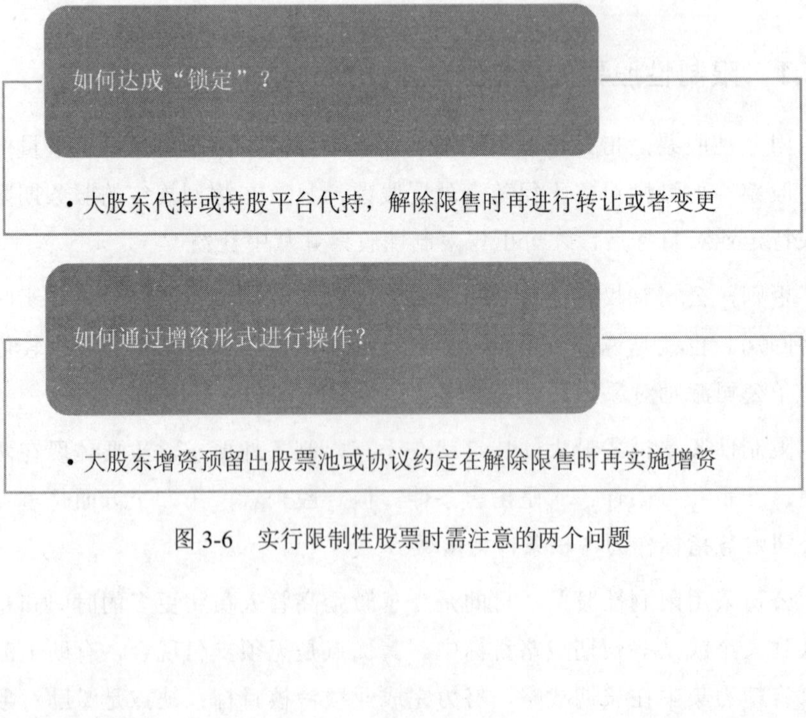

如何达成"锁定"？
- 大股东代持或持股平台代持，解除限售时再进行转让或者变更

如何通过增资形式进行操作？
- 大股东增资预留出股票池或协议约定在解除限售时再实施增资

图 3-6　实行限制性股票时需注意的两个问题

3.3.2 限制性股票模式和期权模式的差异

限制性股票模式和期权模式的差异主要体现在下面几个方面（见图 3-7）。

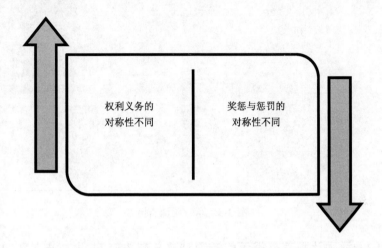

权利义务的
对称性不同

奖惩与惩罚的
对称性不同

图 3-7 限制性股票模式和期权模式的差异

1. 权利义务的对称性不同

期权持有人只有行权获益的权利，没有必须行权的义务，是典型的权利义务不对称激励方式；限制性股票的权利义务则是对称的，激励对象只有满足条件的情形下才能出售股票获利。

2. 奖励与惩罚的对称性不同

当股价下跌或者期权计划预设的业绩指标未能实现时，期权持有人只是放弃行权，并不会产生现实的资金损失。因此，期权模式并不具有惩罚性；而限制性股票模式下的激励对象用自有资金或者公司用激励基金购买股票后，股票价格下跌将给受益人带来直接资金损失，存在一定的惩罚性。

3. 典型案例

东方明珠近期推出了限制性股票激励计划（见图 3-8），主要内容如下。

（1）公司拟向激励对象授予的限制性股票总数不超过 18 122 778 股，即公司股本总额 2 626 538 616 股的 0.69%。其中首批授予总数为 16 310 500 股，占激励总量的 90%；另外在授予的股票总数中设有预留股份，预留的股票数量为激励总量的 10%。

图 3-8　东方明珠官网

（2）激励计划首批授予的激励对象总数为 574 人，占员工总数的 9.3%，包括公司高管、核心管理人员、核心业务骨干和核心技术骨干。

（3）首批授予限制性股票的授予价格为 12.79 元。

（4）激励计划有效期为自股东大会批准本计划之日起 7 年。限制性股票的锁定期为 3 年，解锁比例为 33%、33%、34%。

（5）激励股票授予条件

经济效益指标：2015 年度公司营业收入不低于 210 亿元，且营业收入增长率不低于前 3 年平均水平和同行业企业的平均水平；2015 年度归属母公司的扣除非经常性损益每股收益不低于 0.42 元，且不低于同行业企业的平均水平；

社会效益指标：在政治导向指标上，近 2 年内，公司未发生造成严重影响的政治性差错、重大技术性差错和严重泄密事故；在受众反应指标上，2015 年度公司智能终端用户不少于 2 500 万；在社会影响指标上，确保获得 2015 年度全国文化企业 30 强的称号。

（6）解锁条件

公司各解锁期内的业绩需满足以下条件限制性股票方可解锁：

第一个解锁期。经济效益指标：2018 年度相较 2015 年度营业收入复合增长率不低于 10%；2018 年度归属母公司的扣除非经常性损益每股收益不低于 0.91 元；社会效益指标：在政治导向指标上，2018 年度公司未发生造成严重影响的政治性差错、重大技术性差错和严重泄密事故，同时坚持公益媒体发布和公益性节目建设不断加强；在受众反应指标上，2018 年度相较 2015 年度公司智能终端用户年复合增长率不低于 10%；在社会影响指标上，2018 年度保持全国文化企业 30 强的称号。

第二个解锁期。经济效益指标：2019 年度相较 2015 年度营业收入复合增长率不低于 11%；2019 年度归属母公司的扣除非经常性损益每股收益不低于 1.01 元；社会效益指标：在政治导向指标上，2019 年度公司未发生造成严重影响的政治性差错、重大技术性差错和严重泄密事故，同时坚持公益媒体发布和公益性节目建设不断加强；在受众反应指标上，2019 年度相较 2015 年度公司智能终端用户年复合增长率不低于 10%；在社会影响指标上，2019 年度保持全国文化企业 30 强的称号。

第三个解锁期。经济效益指标：2020 年度相较 2015 年度营业收入复合增长率不低于 12%；2020 年度归属母公司的扣非每股收益不低于 1.12 元。社会效益指标：在政治导向指标上，2020 年度公司未发生造成严重影响的政治性差错、重大技术性差错和严重泄密事故，同时坚持公益媒体发布和公益性节目建设不断加强；在受众反应指标上，2020 年度相较 2015 年度公司智能终端用户年复合增长率不低于 10%；在社会影响指标上，2020 年度保持全国文化企业 30 强的称号。

2018～2020 年各年度的经济指标业绩考核水平均不得低于同行业企业的平均水平。同时，2016～2017 年各年度归属于母公司所有者的净利润及归属于母公司所有者的扣除非经常性损益的净利润均不得低于授予日前最近 3 个会计年度的平均水平且不得为负，同时不得低于上一年度实际业绩水平。

东方明珠作为国有企业，担负着国有资产增值的责任，以限制性股票为激励模式，考虑到对社会的影响，将经济效益和社会效益共同作为限制性股票的授予条件和解锁条件，是比较合理的。

阿里巴巴也曾采用限制性股份激励员工，员工获得受限制股份单位后，入职满一年方可行权。而每一份受限制股份单位的发放则是分 4 年逐步到位，每年授予 25%。由于每年都会伴随奖金发放新的受限制股份单位奖励，员工手中所持受限制股份单位的数量会滚动增加。

这种滚动增加的方式，使得阿里巴巴集团的员工手上总会有一部分尚未行权的期权，进而帮助公司留住员工。

3.4 股票增值权

3.4.1 股票增值权的概念

股票增值权（Stock Appreciation Rights，SARs）是公司给予激励对象的一种权利，获授者可以在规定时间内获得一定数量的股票价值上升所带来的收益，但不拥有这些股票的所有权。对非上市公司来说，这种权利叫作股份增值权，是指公司授予激励对象一种权利，如果公司股份价格上升，激励对象可通过行权获得相应数量的股价升值收益。

举个简单的例子，公司授予激励对象这种权利时，公司每股价格为 1元，经过几年发展，公司资产增值，每股价格成为 10 元，如果行权，激励对象可获得每股 9 元的增值收益。

股票增值权有以下三个特征（见图 3-9）。

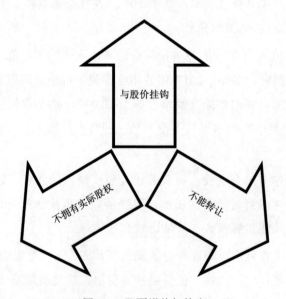

图 3-9　股票增值权特点

享有股票增值权的激励对象不拥有实际股票，也不拥有股东表决权、配股权、分红权等；由于股票增值权的享有者没有所有权，因此其持有权利不能转让和用于担保、偿还债务等；收益与股份价格挂钩，每一份股票增值权的收益=股票市价-授予价格。

股票增值权由于激励对象不获得所有权，操作条件相对宽松，比较容易通过股东会审核。同时，由于行权期一般超过任期，有利于规避激励对象的短期行为。另外，一般无须激励对象支出现金，容易激发员工信心。

缺点是公司的现金压力大；股价与激励对象业绩关联不大，激励效果有限；当股价下跌时，可能起不到激励作用。

因此，这种模式比较适用于那些封闭的、没有股票授予员工的非上市公司，或者因期权或限制性股票模式而导致股权稀释过大的公司，但要求公司有充裕的现金流。

股票增值权的有效期可由公司自行规定，一般为授予之日起6~10年；兑换方式可以是全额兑现，也可以是部分兑现。另外，股票增值权的实施可以是用现金实施，也可以折合成股票或股份加以实施，还可以是现金加股票或股份的组合形式。

虽然股票增值权主要应用在上市公司的股权激励案例中，但这并不代表在非上市公司领域没有被应用的价值。这可以被称为"股权增值权"，由于有限公司没有公开市场确定的公允价格，可参照每股对应的公司账面净资产的增加额作为奖励员工的基础和标准，又可称为"股权账面增值权"。此外，股票增值权在非上市公司的应用还表现在以下三个方面：

第一，股票增值权方式量化了奖金的计算方式，相较于其他方式更简洁明了。其公式为：激励对象获得的奖励=持有的股票增值权数量×（行权时的股票价格-授予时的股票价格）。

第二，股票增值可以避免不必要的纠纷，因为它本质上是虚拟股，不用向员工增发或者转让实股，因此避开了实股模式下控制权旁落的风险，也更多地避免了一些不必要的纠纷。

第三，股票增值具备很强的过渡性，它可以让员工关注到公司整体的价值，对于员工普及股权激励的概念有很大的帮助。因为只要定价合理，并能反映在股票价格的增长上，其激励效果也不比其他模式差。

3.4.2　股票增值权模式与期权模式的异同

期权和股票增值权的共同点主要体现在以下几个方面（见图 3-10）。

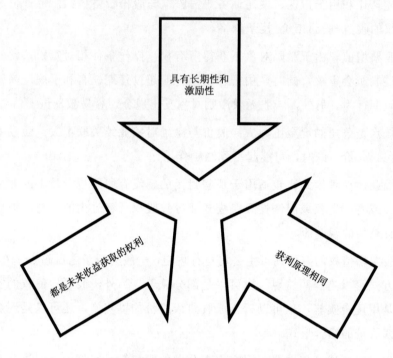

图 3-10　期权和股票增值权模式的共同点

期权和股票增值权同属期权金融工具在企业激励中的应用，他们共同赋予激励对象一种未来的风险收益获取的权利，当股价高于激励对象的行权价格时，激励对象可以行权获得收益，反之，激励对象可以放弃行权，避免损失；期权和股票增值权的获利原理均是股份价格和企业授予激励对象激励标的时约定的行权价格之间的差价；两者都是长期激励的工具，具有很好的激励性，但约束性偏弱一些。

两者的不同点主要体现在以下两个方面（见表 3-2）。

表 3-2　期权和股票增值权的不同

	期权	股票增值权
激励标的	期权的激励标的物是企业的股票或股份，激励对象在行权后可以获得完整的股东权益	股票增值权是一种虚拟股权激励工具，激励标的物仅仅是股价和激励对象行权价格之间的差价的升值收益，并不能获取企业的股权

续表

	期权	股票增值权
激励来源	股票期权采用的是"企业请客，市场埋单"方式，激励对象获得的收益由市场进行支付	股票增值权采用"企业请客，企业埋单"的方式，激励对象的收益由企业用现金进行支付，其实质是企业奖金的延期支付

3.4.3 典型案例

2017 年 10 月顺丰制订了股票增值权激励计划，其重点有：

激励对象的确定依据和范围：

本计划激励对象的确定依据和范围为受政策限制无法纳入限制性股票激励计划的公司外籍核心人才，共计 20 人。以上激励对象中，所有激励对象均须在公司授予股票增值权时以及在本计划的考核期内与公司或公司的分、子公司具有聘用或劳动关系。

激励计划具体内容：

一、激励计划的股票来源：由于股票增值权计划不涉及实际股票，以顺丰控股股票作为虚拟股票标的。

二、激励计划标的股票的数量：本计划拟向激励对象授予 5.94 万份股票增值权，约占本计划草案公告时公司股本总额 441 101.55 万股的 0.001%。

三、激励对象获授的股票增值权分配情况：本计划授予的股票增值权在各激励对象间的分配情况如下：公司外籍核心人才（合计 20 人）获授的股票增值 5.94 万份，占授予股票增值权总数比例的 100%、占目标总股本比例的 0.001%。

激励计划的有效期、授予日、等待期、行权安排、可行权日的具体情况如下：

（一）有效期：本计划有效期为股票增值权授予完成登记之日起至所有股票增值权行权或注销完毕之日止，最长不超过 48 个月。

（二）授予日：授予日在本计划经公司股东大会审议通过后由公司董事会确定。公司在股东大会审议通过后 60 日内，公司按相关规定召开董事会对激励对象进行授予，并完成公告、登记。公司未能在 60 日内完成上述工作的，披露未完成的原因并终止实施本计划。授予日必须为交易日，且不得为下列区间日：

1. 公司定期报告公告前 30 日内，因特殊原因推迟定期报告公告日期的，自原预约公告日前 30 日起算，至公告前 1 日截止；

2. 公司业绩预告、业绩快报公告前 10 日内；

3. 自可能对公司股票及其衍生品种交易价格产生较大影响的重大事件发生之日或者进入决策程序之日，至依法披露后 2 个交易日内；

4. 中国证监会及深圳证券交易所规定的其他期间。上述公司不得授出股票增值权的期间不计入 60 日期限之内。

（三）等待期：指股票增值权授予完成登记之日至股票增值权可行权日之间的期限，本计划等待期为 1 年。

（四）行权安排：本计划授予的股票增值权自本期激励计划授予完成登记之日起满 12 个月后，激励对象应在未来 24 个月内分两期行权。本次授予增值权行权期及各期行权时间安排如下所示：

第一个行权期：自授予完成登记之日起 12 个月后的首个交易日起至授予完成登记之日起 24 个月内的最后一个交易日当日止。

第二个行权期：自授予完成登记之日起 24 个月后的首个交易日起至授予完成登记之日起 36 个月内的最后一个交易日当日止。

（五）可行权日：在本计划通过后，授予的股票增值权自授予完成登记之日起满 12 个月后可以开始行权。可行权日必须为交易日，但不得在下列期间内行权：

1. 公司定期报告公告前 30 日，因特殊原因推迟定期报告公告日期的，自原预约公告日前 30 日起算；

2. 公司业绩预告、业绩快报公告前 10 日至公告后 2 个交易日；

3. 重大交易或重大事项决定过程中至该事项公告后 2 个交易日；

4. 其他可能影响股价的重大事件发生之日起至公告后 2 个交易日。上述"重大交易"、"重大事项"及"可能影响股价的重大事件"为公司依据《深圳证券交易所股票上市规则》的规定应当披露的交易或其他重大事项。激励对象必须在股票增值权有效期内行权完毕，计划有效期结束后，已获授但尚未行权的股票增值权不得行权。

行权条件：

一、公司业绩要求。

第一行权期以 2016 年公司归属于上市公司股东的扣除非经常性损益的净利润为基数，2017 年公司归属于上市公司股东的扣除非经常性损益的净利润增长率不低于 15%；第二个行权期以 2016 年公司归属于上市公司股东的扣除非经常性损益的净利润为基数，2018 年公司归属于上市公司股东的扣除非经常性损益的净利润增长率不低于 40%。

由本次股权激励产生的激励成本将在经常性损益中列支。如公司业绩考核达不到上述条件，则激励对象相对应行权期所获授的可行权数量由公司注销。

二、个人业绩要求。

激励对象的个人层面的考核按照公司相关规定组织实施。个人层面上一年度考核结果个人层面系数合格为 100%，不合格为 0%。

若各年度公司层面业绩考核达标，激励对象个人当年实际行权额度=个人层面系数×个人当年计划行权额度。

激励对象在行权年度的上一年度考核结果为"合格"方可行权；激励对象考核结果为"不合格"，则其相对应行权期所获授的但尚未行权的股票增值权即被取消作废。

3.5　虚拟股权

3.5.1　虚拟股权的概念

虚拟股权（Phantom Stocks）模式，是指公司模拟股票发行的方式，将公司的净资产分割成若干相同价值的股份，结合企业的经营目标对其定价，是一种形式上的虚拟。授予"虚拟"股权的激励对象可以据此享受一定数量的分红权和估价升高收益，但没有所有权和表决权，不能转让和出售，在离开企业时自动失效。

虚拟股权是企业为提高自主管理水平，鼓励人才为公司长期服务而采用的一种股权激励方式，也是一种比较常用的激励模式，对非上市公司而言，又称为虚拟股份。

虚拟股权的收益方式一般有三种：

第一种：奖励基金模式。即公司针对虚拟股计提一部分利润作为奖励基金，再按照激励对象拥有的虚拟股数量进行分类。

第二种：股权增值收益。是指把虚拟股价格与公司某个财务指标关联起来，这个指标一般是每股净资产，员工的虚拟股价值是跟着公司的成长而增加，退出时公司通过现金方式结算。

第三种：虚拟股分红。是指每年公司针对股东分红时，也包括虚拟股。

虚拟股权激励模式，有以下几个显著特点（见图3-11）。

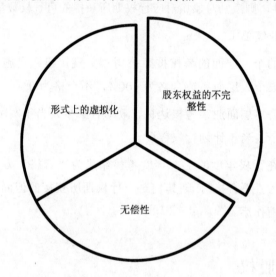

图 3-11　虚拟股权模式特点

第一，形式上的虚拟化。

虚拟股权不同于一般意义上的企业股权，是形式上的虚拟化。公司为了更好地激励核心员工，在公司内部无偿地派发一定数量的虚拟股份给公司核心人员；其持有者可以按照虚拟股权的数量，按比例享受公司税后利润的分配。

第二，股东权益的不完整性。

获得虚拟股权的激励对象，只能享受到分红收益权，即按照持有虚拟股权的数量，按比例享受公司税后利润分配的权利，而不能享受完整的普通股股东权益，如表决权、分配权等。

第三，无偿性。

与购买实有股权或股票不同，虚拟股权由公司无偿赠送或以奖励的方式发放给特定员工，不需员工出资。

在非上市公司中，虚拟股权跟踪的是每股利润，根据表现形式又被称为内部价格型虚拟股票。是指非上市公司的股权由虚构的股票组成，并以簿记的方式奖励给企业的激励对象，持有人获得的收益为持有股数乘以每股虚拟股票的价值升值。这种模式下，虚拟股票的价格由企业或企业外部顾问性质的中介咨询机构来确定，一般为 1 年 1 次。

与期权模式相比较，虚拟股权模式的不同之处在于：激励对象只享有虚构股权的溢价收益权，获得收益的基础只能是企业内部虚构的股权；虚拟股权的价格由企业和市场中介机构根据企业内部财务指标、资本状况等确认，不受二级市场影响。

3.5.2 虚拟股权的优缺点

虚拟股权模式的优缺点主要体现在以下几个方面。

1. 优点

（1）作为股权激励的一种方式，虚拟股权不同于购买实有股权或股票，一般由公司无偿赠送或以奖励的方式发放给特定员工，不需员工出资，持股员工可以感觉到企业对其自身价值的充分肯定，产生巨大的荣誉感，获得物质和精神双重激励，激励效果更加明显；

（2）虚拟股权持有者可以享受企业分红收益权和增值收益权，从而激发他们以一种"股东"的身份去工作，更多地关注企业经营状况及利润情况，减少道德风险和逆向选择的可能性；

（3）虚拟股权操作中，只要拟订一个内部协议即可，也无须考虑激励股票的来源问题，简单易行；

（4）虚拟股权激励模式下，因为获得分红收益的前提是实现公司的业绩目标，并且收益是在未来实现的，具有一定的约束作用；

（5）虚拟股权持有者只能享受分红权，而不能享受普通股东的表决权、分配权等，但不影响企业的资本总额和股东结构。因此，也不影响股东对企业的控制区，有利于企业的管理；

（6）虚拟股权模式避免了以变化不定的股票价格为标准去衡量公司业绩和激励员工，从而避免了由于投机或其他宏观变量等不可控因素引起公司股票非正常波动时对期权价值的影响，具有相对的稳定性。

2．缺点

首先，采用虚拟股权激励模式，激励对象可能因考虑分红，减少甚至于不实行企业资本公积金的积累，而过分地关注企业的短期利益；其次，这种模式下的企业分红意愿强烈，导致公司的现金支付压力比较大；最后，虚拟股权并不是实际股权，所以激励力度相对较小，固定人才的作用有限。

鉴于此，虚拟股权模式适合现金流量充足的公司。

3.5.3　实施虚拟股权模式的注意事项

实施虚拟股权模式，需要关注几个问题（见图3-12）。

图3-12　虚拟股权模式应该注意的事项

1．来自市场的风险

如果市场波动幅度大，公司股价大涨，其激励基金可能无法支付到期应兑现的金额，给公司造成损失，市场风险较大。

2．如何确定行权价

行权价的高低，直接影响到激励效果。如果价格高，则获利空间小，激励效应有限；如果价格低，又会使人感到不公平。这其中存在一个激励和约束的强度问题，需要企业在考虑多种因素的基础上予以确认。

3．如何制定考核标准

只有制定科学的考核标准，才能实现较好的激励效应。如果考核指标过低，无须太多努力即可达到，可能很难实现企业的发展目标；如果考核指标过高，又会让激励对象感觉遥遥无期，没有信心。一个有效的经营者业绩考核体系，应该将两者结合起来。

3.5.4 虚拟股权模式和期权模式的异同

虚拟股权模式和期权模式在实施过程中有很多相同点，例如均需明确授予范围、数量及兑换条件，均需和激励对象签订合约等。

差别主要有以下几点：

（1）相对于股票期权，虚拟股权持有人并不是真实认购公司股票，它实际上是获取企业的未来分红的凭证或权利。

（2）在虚拟股权的激励模式中，其持有人的收益是现金或等值的股票、股份；而期权模式下，企业不用支付现金，但激励对象在行权时要支付现金获得股票或股份。

（3）期权模式下，公司将股票或股份授予激励对象，由激励对象自己去二级市场上出售或转让，只有交易价格高于行权价，持有人才能获利；虚拟股权模式下，只要企业正常盈利，持有人就可以获得一定的收益。

（4）虚拟股权模式下，激励对象获得的只是分红权，没有股份所有权，所以其发放并不影响公司的总资本和股本结构；股票期权的行权则涉及股权的让渡，无疑会影响公司的股权结构。

3.5.5 典型案例

目前，虚拟股权模式在高科技企业中采用较多，例如"上海贝岭"、"银河科技"（000806）、"精冶源"等均采取了这种方式。

1999 年 7 月，上海贝岭股份有限公司（见图 3-13）在企业内部试行"虚拟股权赠予与持有激励计划"。这套方案的总体构思为：将每年员工奖励基金转换为公司的"虚拟股权"，并由授予对象持有，持有人在规定的期限后按照公司的真实股票市场价格以现金分期兑现。

公司每年从税后利润中提取一定数额的奖励基金，然后从奖励基金中拿出一部分来实施这一计划。每年年初，董事会与激励对象签订协议，年底按协议考核确定奖励基金提取数额及每位获奖人员所获虚拟股权的数额

（根据考核情况及市价折算）。

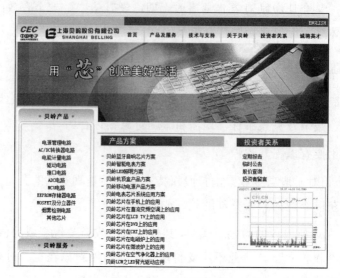

图 3-13　上海贝岭官网

职工虚拟持股后，若实施送配股，将同步增加持有的股数；若分红，职工也将获得相应的现金。员工持有达到一定年限后，可将虚拟股权按规定分阶段兑现。

2015 年 5 月，新三板挂牌公司——北京精冶源新材料股份有限公司（简称精冶源）（见图 3-14）发布了一份虚拟股权激励方案。

图 3-14　北京精冶源新材料股份有限公司官网

　　方案显示，此次激励计划采取虚拟股权模式，由公司无偿授予激励对象一定比例的分红权，授予对象范围包括公司高管、中层管理人员、业务骨干及对公司有卓越贡献的新老员工等；计划有效期限为 3 年，从2015 年至 2017 年，有效期满后，公司根据实际情况决定是否继续授予；虚拟股权的授予数量，根据虚拟股权激励对象所处的职位确定股权级别及其对应基准职位股数，根据个人能力系数和本司工龄系数确定计划初始授予数量，根据年终绩效考核结果确定当年最终授予虚拟股权数量；本次激励计划授予股权共分为四个级别，基准股数区间为 1 万～2.5 万股。是否授予年度分红权激励基金的基准指标为公司年度净利润增长率是否达到 20%。

　　对公司而言，虚拟股权激励模式操作简便，只需公司内部通过即可，不受相关法律法规限制；相对于其他激励模式，虚拟股权的影响可以一直延伸下去，并不因为股票价格、行权、解锁等事项而受到影响，其最大的制度价值在于利用虚拟股权给予的分红权调动企业员工为公司长远发展而共同努力的积极性；对员工而言，该激励模式实质只是一种分红政策，是纯奖励的措施，没有任何风险。员工较容易理解，无须自主支付资金，较易接受，可能会产生较好的激励效果。

3.6　延期支付

3.6.1　延期支付的概念

　　延期支付也称为延期支付计划（Deferred Compensation Plan），是指公司将激励对象的部分薪酬，例如年度奖金、股权激励收入等按当日公司股票市场价格折算成股票数量，存入公司为管理层人员单独设立的延期支付账户。在既定的期限后或在该激励对象退休以后，再以公司的股票形式或根据期满时的股票市场价格以现金方式支付给激励对象。对于非上市公司而言，则折算成股份数量，待激励对象在既定的期限后或退休后，按照当时的股份价格以现金支付给激励对象。

　　延期支付收益与公司的业绩紧密相连，当折算后存入延期支付账户的股票或股份价格在行权时上升，则激励对象就可以获得收益。反之，激励对象的利益就会遭受损失。因此，延期支付具有比较明显的激励与约束效果。

（1）激励对象为了保证自己的利益不受损害，必须勤勉尽责，以免因工作不力或者失职导致企业利益受损，受到减少或取消延期支付收益的惩罚，具有明显的约束作用。

（2）延期支付把经营者一部分薪酬转化为股票或股份，且长时间锁定，增加了其退出成本，有利于规避经营者行为短期化；

（3）延期支付简单易行，可操作性强。

（4）一定程度上缓解了企业资金困难问题。企业家年薪水平大幅度提高以后，如果大量支付现金，容易给企业造成资金压力，也容易在职工之间形成攀比，如果修改为给一部分"期股"，就可以缓解这种矛盾及资金紧张局面。

延期支付激励模式的缺点是：激励对象持有公司股票或股份数量相对较少，难以产生较强的激励力度；由于公司业绩的不确定性，经营者不能及时地把薪酬变现，如果延期期限过长将弱化激励作用。

延期支付适合那些直接用于业绩稳定、处于成长期以及成熟期的上市与非上市公司。

3.6.2　典型案例

早在1999年，武汉国有资产经营公司就对下属21家控股、全资企业实行过延期支付激励计划。具体做法如下：

第一步，核定基薪收入。依据企业上年度的经济效益确定公司高层管理者的基薪，盈利企业按净利润额大小确定为年薪1.8万～4.2万元共8档，亏损企业按所在企业现有工资水平单独确定。这一部分作为企业家的基本劳动所得，是年度经营的基本报酬，解决"温饱问题"。

第二步，对于奖金性质的风险收入，30%以现金形式当年兑付，其余70%留存并将转化为本公司股票期权。风险收入由武汉国有资产经营公司根据企业经营责任书及企业实际经营业绩核定，是年度经营效益的具体体现。按规定，对于完成或超额完成、完成任务在50%～100%之间的分别有一套详细的计算公式。对于完成指标在 50%以下的，不给予本年度风险收入，并将扣减以前年度风险金。

第三步，武汉国有资产经营公司利用自己开设的专用法人股票账户，在股票二级市场上按该公司年报公布后一个月的股票平均价，用当年企业法人代表人的 70%风险收入购入该企业股票（不足购入 100 股的余额以现金形式兑付），同时由企业法定代表人与国有资资公司签订股票托管协议，期股到期前，这部分股权的表决权由国有资产经营公司行使，且股票不能上市交易流通，但企业法定代表人享有期权分红、增配股的权利。

第四步，此次购入的股票在第二年武汉国有资产经营公司下达企业业绩评定书后的一个月内，返还相当于上年度 30%风险收入的期股给企业法定代表人，第三年以同样的方式返还 30%，剩余的 10%累积留存。以后年份期权的累积与返还依此类推。经返还的股票，企业法定人拥有完全所有权，即企业法定代表人可将到期期股变现或以股票形式继续持有。文件同时规定，如果企业法定代表人下一年完成经营责任书净利润指标（扭亏指标）在 50%以下，将被扣罚以前年度累计期股的 40%。

通过这种方式，武汉国有资产经营公司首先成功解决了经营者对持股的现金要求，缓解了公司现金流紧张局面；其次，解决了企业家价值问题，企业家的收入除了一部分基本收入外，还包括一部分风险收入，更能体现企业家价值；再次，这种模式将企业家个人命运和企业发展结合起来，把当前业绩与企业未来长远发展结合起来，减少了企业家短期化行为；最后，这种方式在一定程度缓解企业内部的薪资矛盾。如果以现金发放形式大幅度提高企业家的薪资水平，容易产生攀比，引发职工不满，改为现金加"期股"结合，可以在一定程度上缓解这种矛盾。

3.7 业绩股票

3.7.1 业绩股票的概念

业绩股票是股权激励的一种典型模式，是指在年初确定一个科学合理的业绩目标，如果激励对象到年末时达到预定的目标，则公司授予其一定数量的股票或股份，或者提取一定的奖励基金购买公司股票；如果未能通过业绩考核或出现有损公司的行为、非正常离任等情况，则其未兑现部分的业绩股票将被取消。

业绩股票模式下，股权的转移由激励对象是否达到了事先规定的业绩指标来决定。

业绩股票模式有以下几个特点（见图 3-15）。

（1）激励奖金与利润挂钩。业绩股票激励模式下，激励对象的年度激励奖金建立在公司当年的经营业绩基础之上，直接与当年利润挂钩，公司根据高管的表现，提取一定的奖励基金。

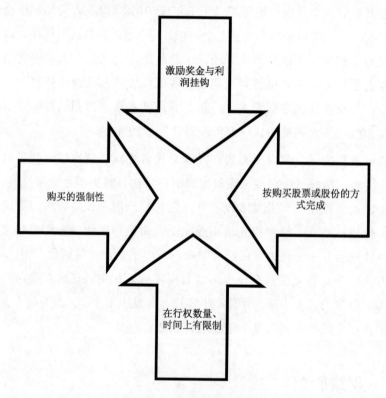

图 3-15　业绩股票模式特点

（2）按照购买股票或股份方式完成。公司奖励基金的使用是通过按当时的市价购买本公司股票或股份的方式完成。

（3）在行权时间、数量上有限制。持有业绩股票的人员在行权时间、数量上均有一定限制。

（4）购买的强制性。激励对象的激励奖金在最初就全部或部分转化为本公司的股票或股份，实际上在购买上有一定的强制性。

3.7.2 业绩股票的优缺点

业绩股票激励模式的优点十分明显（见图 3-16）。

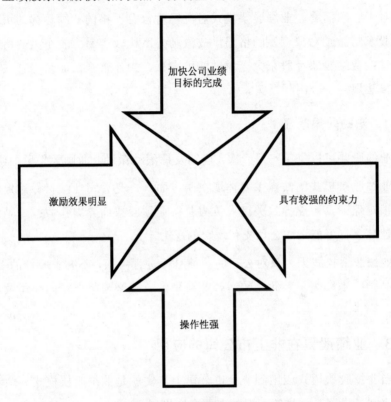

图 3-16　业绩股票模式优点

1. 加快公司业绩目标完成

业绩股票模式的实施，会促使激励对象为了获得股票形式的激励收益，更加努力工作，加快公司业绩目标的完成；一旦获得激励股票成为股东后，激励对象的利益就与企业发展捆绑在一起，更会倍加努力地提升公司的业绩，使公司业绩更上一层楼。

2. 具有较强的约束作用

激励对象获得奖励以完成一定的业绩目标为前提，并且收入是在未来逐步兑现；如果激励对象未通过年度考核，或出现有损公司行为、非正常调离等，激励对象将受风险抵押金的惩罚或被取消激励股票，退出成本较大，具有较强的约束作用。

3．操作性强

对于股东而言，业绩股票模式对激励对象有严格的业绩目标约束，能形成股东与激励对象双赢的格局，故激励方案比较容易为股东大会所接受和通过；业绩股票经股东大会通过即可实行，操作性强，而且符合国内现有法律法规，符合国际惯例。

4．激励效果明显

业绩股票可以每年实行一次，能够发挥滚动激励，激励效果更加明显。

业绩股票模式的缺点主要体现在两方面：一是公司业绩目标确定的科学性很难保证，可能导致关键人员为获得业绩股票而弄虚作假；二是激励成本较高，有可能造成公司支付现金的压力。

业绩股票模式因为只对公司的业绩目标进行考核，不要求股价的上涨，加之激励成本较高，因此比较适合业绩稳定、现金流量充足的公司及其子公司。

3.7.3 业绩股票在非上市公司的应用

当业绩股票模式应用到非上市公司上其实就是业绩股权模式。两者的设计原则和思路是一样的，但存在两个区别：

第一。不存在提取激励基金去购买股份的步骤，而是公司管理者直接把约定好的股份转让给激励对象。

第二，业绩股份设计中不含自风险抵押金条款。因为上市公司业绩股票设计中股票是免费的，而非上市公司业绩股份是根据业绩采用买就送的方式，而其中购买部分的股权的作用其实就是风险抵押金的作用。

第三，比起上市公司，业绩股票模式在非上市公司中的应用风险更低。其原有有二：一是非上市公司的股权架构一般是一股独大，老板说了算，因此老板把利益输送给自己的逻辑就很难成立；二是与上市公司相比，非上市公司的利润、现金流对市值影响的敏感性并不大，而且通常没有资本市场溢价。

第四，业绩公平在非上市公司中的应用的典型方式是"虚拟股+实股"的组合激励模式，这种方式能比上市公司单独使用业绩股票，更能稳定利润和体现较好的现金流。

3.7.4 典型案例

C 互联网公司是一家有限责任公司，主要从事 APP 开发，老板林先生拥有公司 100% 的股份。2017 年，林先生打算对公司管理层与核心骨干员工实施股权激励计划。

整体思路：林先生计划将 25% 到 30% 的股份用于股权激励，分 3 期进行，每一期持续时间为 3 年，计划用 9 年时间完成整个公司的股权激励计划。第一期从 2018 年 1 月 1 日开始，股权激励份额为 10%、第二期为 8% 到 10%，第三期为 8% 到 10%。

转让赠予：在 2018 年、2019 年、2020 年 3 个年度内，激励对象每年的业绩达到要求的 100%，林先生将在第二年的 6 月 30 日前向激励对象以年度公司净资产 1% 的价格转让公司 1% 的股份，同时免费赠予激励对象公司 1% 的股份；如果业绩达到 90%，则林先生在第二年的 6 月 30 日前以年度公司净资产 1% 的价格转让公司 0.9% 的股份，同时免费赠予激励独享公司 0.9% 的股份……以此类推到 70%。如果业绩低于要求的 70%，则林先生不向激励对象转让股份，也不免费赠予股份。

行权期：在业绩达到上述条件的前提下，在半年内有权选择行权或者放弃行权。决定行权的，双方签署股份转让协议，并在 6 月 30 前完成相关操作。

锁定期：受让或者受赠后，激励对象持有的业绩股份在 2016 年 12 月 31 日前不得以任何形式转让、出售、交换、记账、抵押、担保、偿还债务等。如果激励对象在办理工商登记前违反约定，则林先生有权解除协议；如果激励对象在办理工商登记后违反约定，则必须按照股份相应净资产的两倍向林先生支付违约金。

主动退出机制：在 2020 年 12 月 31 日之后，激励对象可将业绩股份转让、赠予，但林先生享有优先受让权。

被动退出机制：在 2020 年 12 月 31 日之后，如果激励对象离开公司，其所获得的业绩股份根据公司是否上市进行处理，如已上市，激励对象可自行处置，反之则由林先生按照当时的净资产价格进行回购。

3.8 员工持股计划

3.8.1 员工持股计划的概念

员工持股计划（ESOP），又称为员工持股制度，是指通过让员工持有本公司股票和期权而使其享有相应的管理权，成为公司的股东，获得长期激励的一种绩效奖励制度。在实践中，员工持股计划常常是由企业内部员工出资认购本公司的部分股权，并委托员工持股大会管理运作，员工持股大会代表持股员工进入董事会参与表决和分红。

员工持股计划也属于长期激励的一种，这种全员持股的方式将员工的主人翁感及组织承诺最大化。

员工持股计划可分为两类：非杠杆化的 ESOP 和杠杆化的 ESOP（见图 3-17）。

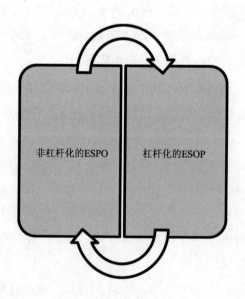

图 3-17 员工持股计划的分类

非杠杆型的员工持股计划是指由公司每年向该计划贡献一定数额的公司股份或用于购买股份的现金。这个数额一般为参与者工资总额的 25%。

这种类型计划的要点：由公司每年向该计划提供股份或用于购买股份的现金，员工不需做任何支出；由员工持股信托基金会持有员工的股份，并定期向员工通报股份数额及其价值变动情况；当员工退休或因故离开公司时，将根据一定年限的要求相应取得股份或现金。

杠杆型的员工持股计划主要是利用信贷杠杆来实现的。这种做法需要成立一个职工持股计划信托基金；然后由公司担保，由该基金出面，以实行职工持股计划为名向银行贷款购买公司股东手中的部分股份，购入的股份由信托基金掌握，并利用因此分得的公司利润及由公司其他福利计划（如职工养老金计划等）中转来的资金归还银行贷款的利息和本金；随着贷款的归还，按事先确定的比例将股份逐步转入职工账户，贷款全部还清后，股份即全部归职工所有。

这种类型计划的要点：银行贷款给公司，再由公司借款给员工持股信托基金会，或者由公司做担保，由银行直接贷款给员工持股信托基金会；信托基金会用借款从公司或现有的股份持有者手中购买股份；公司每年向信托基金会提供一定的免税的贡献份额；信托基金会用每年从公司取得的利润和其他资金，归还公司或银行的贷款；当员工退休或离开公司时，按照一定条件取得股份或现金。

3.8.2　员工持股计划的实施流程

员工持股计划的实施流程如下（见图 3-18）。

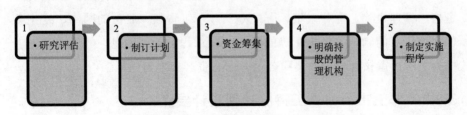

图 3-18　员工持股计划实施流程

1. 研究评估

企业实行职工持股计划，必然发生产权结构的变化，也同时会产生利润共享作用。因此，有必要在实施前对计划进行研究评估，包括政策的允许程度、对企业预期激励效果的评价、财务计划、股东的意愿统一等。

由于员工持股计划涉及所有权的变化，因此需要对企业进行全面合理的价值评估。企业估值过高，员工不会愿意购买；而企业估值偏低，则损害企业所有者的利益。

2．制订计划

聘请专业咨询顾问机构参与计划的制订，确定授予条件、授予时机、员工持股份额、分配比例。不同行业、不同规模、不同发展阶段企业的经营层、业务骨干与职工持股比例分配应有所不同，保证既能够达到激励员工的目的，又不会损害企业原所有者的利益。

3．明确员工持股的管理机构

员工持股的管理机构可以由工会组织担任，也可以效仿国外，由外部的信托机构、基金管理机构来担任，企业可根据实际情况，选择合适的管理机构。

4．资金筹集

在我国现在的情况下，实施员工持股计划仍然以员工自有资金为主，企业提供部分低息借款，金融机构介入得比较少。

5．制定实施程序

企业应制订详细的员工持股计划实施流程，对计划的原则、参加者的资格、管理机构、财务政策、分配办法、员工责任、股份的回购、终止条件、终止后的管理等做出明确的规定，在章程中逐一体现。然后将计划上报有关部门审核批准，如集团公司、国有资产管理部门等。

3.8.3 非上市公司员工持股计划设计要点

在设计员工持股计划时，公司可参照以下几点：

1．持股方式

在实践中，非上市公司员工持股方式包括以下四种（见图3-19），公司在了解其优缺点再评估自身情况后，选择其中一种。最好是核心人员直接成为公司股东，其他核心人员考虑以进入有限合伙企业的方式间接成为公司股东，如此对员工的进入退出方式的管理将更加有利。如果设立有限责任公司，员工作为股东，以出资享有持股公司的收益，可能存在离开公司后仍凭所持股份单一获利的情况。有限合伙企业有灵活的退出机制，公司可以设置良好的除名机制以实现员工无法为公司效力且非自愿退出的情况下，将其从合伙企业中除名，从而避免上述风险。

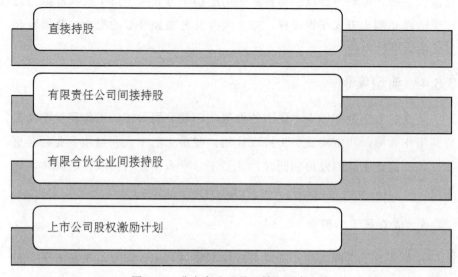

直接持股

有限责任公司间接持股

有限合伙企业间接持股

上市公司股权激励计划

图 3-19 非上市公司员工持股四大方式

2. 执行事务合伙人选择

有限合伙企业中最需要重点注意的就是由谁担任执行事务合伙人，代表所持股份享有表决权。但是执行事务合伙人是普通合伙人，因此需要承担无限连带责任，所以最好是由公司控制人直接担任执行事务合伙人。

3. 员工持股比例

大多数公司都把包含高管在内的员工的持股比例控制在 5%到 10%之间。但是，对技术依赖性比较强的高新技术公司，对股权比例的考虑需要衡量员工持股对公司稳定及发展的作用程度，同时也要平衡新老股东的利益。因此，如果把员工持股比例计划初期比例指定在 10%左右，随着公司发展以及资本额的增加，到股权结构稳定时，员工持股比例可能稀释到

2%～5%。所以在设计员工持股比例时需要考虑这一点。

4．员工持股价格

在实践中，监管机构对员工取得股权的价格以及是否实际支付对价的监管是非常严格的，因此公司一定要选择一个认定的公允价格范围。比如公司昨晚刚审计完，那么就可考虑以本审计的净资产值作为定价依据。如此，价格不会太高又能真实反映公司价值，新老员工都能接受，也不会违反监管条例。最好不要以公司普遍采用的赠予方式授予员工股权，因为通过受赠而非购买方式获得股权，如果没有其他激励计划的配合，是很难起到大的激励作用的。

3.8.4　典型案例

某企业为充分体现人力资本的价值，调动公司员工的工作积极性并提高其工作效率，决定实施员工持股计划，使员工的个人利益和企业利益更加一致，促进企业的发展的同时，让员工分享企业发展的成果。具体内容如下。

1．成立员工持股会

综合考虑公司目前的经营特点及长期发展目标，成立员工持股会，员工持股会内部设立虚拟股权。员工持股会是员工通过集体名义持有公司股份，实现员工作为一个整体长期持有较大比例的公司股份，参与公司治理，分享公司收益，与公司其他股东在一定程度上实现利益趋同。

员工持股会一般采取会员制的组织形式，内部设管理委员会（或理事会），代表全体会员的利益，通过与公司股东及公司董事会洽商争取各种对员工持股计划的可能性优惠。

虚拟股权是以合同（授予协议）的形式无偿授予经营者一定数额的虚拟股份，由经营者在一定的行权期内自愿购买转为虚股。

2．资金来源

拿出总股本的 15%作为激励来源，其中 2%为预留股，以每股 1 元的价格转让给持股会。这部分资金共 300 万元，通过三个渠道形成：一是员工现金认购；二是由公司股东担保向银行或资产经营公司贷款；三是由公司提供无息或低息贷款，持股会则以其持有的公司股份作为抵押，以分红收益、专项奖金或工资等来还贷款。

3．认购程序

（1）员工向持股会提出认购申请；

（2）持股会审查员工资格；

（3）确定员工认购比例；

（4）公告员工持股额度；

（5）制定考核标准，定期评审，确定员工持有的股份期权数；

（6）办理认购手续，出具"员工股权证明书"。

4．参与对象范围

参与本计划的人员范围为公司的董事、高级管理人员、公司及下属子公司职级为三职等以上（含三职等）的正式员工，参加对象需在公司或下属子公司全职工作，领取薪酬，并签订劳动合同。

5．认购额度

每个员工可以认购的额度将因其岗位等级不同而各异。根据公司治理结构，采取较为简单的方式，将公司岗位级别定为总裁、副总裁、部门经理、部门副经理、业务骨干 5 个等级，认购比例为 10∶6∶3∶2∶1。若部分员工放弃认购权，则自动丧失认购权，可考虑先动员高层管理人员超额认购以表示对这一与公司和广大员工共担风险计划的支持。

6．分配原则

员工持股会的内部分配是指员工持股会在会员之间所进行的认购额度、奖励股份、所持股份收益的分配。它包括两个层次的分配：第一个层次分配是指持股会作为一个整体承担的风险和获得利益的分配，即最初的认购额度分配，以及以后争取到的股东对持股会的各种激励及优惠待遇的分配；第二个层次的分配是指经过第一次的分配后，转入会员个人账户上的由会员间接持有的公司股份所带来的风险和收益的分配。

员工持股计划是建立和完善劳动者与所有者利益的共享机制，可以进一步完善公司治理结构，健全公司长期、有效的激励约束机制；同时也能倡导公司与个人共同持续发展的理念，有效调动管理者和公司员工的积极性，兼顾公司长期利益和近期利益，更灵活地吸引各种人才，从而更好地促进公司长期、持续、健康发展。

第 4 章

股权激励方案设计

股权激励模式多种多样，只有通过定制化研究和设计，结合公司的实际情况，制定针对性的、权利义务相匹配、激励充分、风险可控的长期激励方案，才能帮助企业留住优秀人才，激发员工工作的积极性，真正提高企业自身的竞争力，使企业立于不败之地。

一般来说，股权激励方案设计包括以下八个要素的制定（见图4-1）。

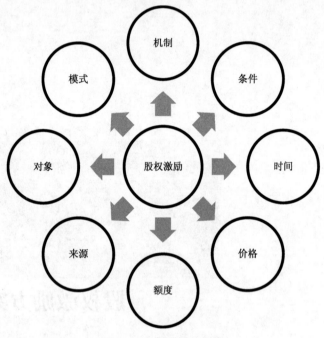

图4-1　股权激励八要素

4.1　股权激励模式

股权激励模式多种多样，但每种激励模式都有其优点，同时也有其不足之处，而现实中的每个企业的情况也是各不相同，只有根据企业战略目标、发展需要、内外部环境、成长阶段、激励对象，结合各种激励模式的作用机理，充分分析其利弊，选择适合企业实际发展并切实有效的激励方式，才能保障股权激励的效果和可行性。

一般而言，非上市公司选择股权激励模式，需要考虑以下几个因素（见图4-2）。

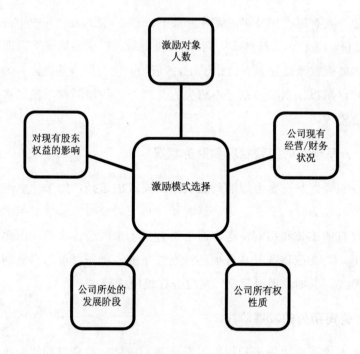

图 4-2　选择股权激励模式应该考虑的因素

1．激励对象的人数

《中华人民共和国公司法》规定有限责任公司股东人数不超过 50 人，因此，对于有限责任公司类型的非上市公司来说，如果预计的激励对象人数超过 50 人，则不适合采用认股权类型或者其他需要激励对象实际持有公司股份的股权激励计划，比如期权，干股等，而应当采用利润分红型虚拟股权激励，或者账面价值增值权型虚拟股权激励，或者其他类型的虚拟股权激励；对于股份有限公司类型的非上市公司而言，《中华人民共和国公司法》并没有规定股东人数上限，公司可以在更大范围内灵活选择激励模式。

2．对现有股东权益的影响

股权激励计划往往会引入新的激励对象作为股东，稀释现有股东的股权比例，导致公司原有的股权结构发生变化。如果非上市公司有多个股东，而且各个股东之间的股权安排比较微妙，比较分散，并且现有股东不愿意打破这种平衡的设置。在这种情况下，股东出让股权的意愿较低，虚拟股权性质的激励模式较为合适。

例如：某有限责任公司，现有股东甲、乙、丙 3 人，其中甲持有公司51%的股份，乙、丙合计持有公司 49%的股份。在这种情况下，即使股东甲因为实施股权激励计划而出让了1%的股份，也会导致其失去对公司的相对控股权。所以，如果股东甲不想失去其对公司的控制权，最好实施虚拟股权激励模式。

3．公司现有的经营状况和财务状况

企业的经营状况也会影响到股权激励模式的选择，如果企业本身经营困难、盈利能力差、资金紧张，这时候，员工对公司的前景有担忧，往往更看重现有的工资和福利待遇，而不是奢望未来的股份收益。因此，在这种情况下，企业应该选择具有福利补充性质的，不需要员工出资购买的股权激励模式。例如，虚拟股权、岗位分红权模式等。

4．公司所处的发展阶段

企业发展通常要经历初创期、发展期、成熟期和衰退期四个阶段，每个阶段的战略规划、经营模式、市场规模和人才需求等情况不相同，由此导致股权激励模式的选择也不相同。

（1）初创期

初创期是公司技术创新和新产品试销的阶段。在此阶段，公司的目标就是生存，无论是新产品还是新技术，都面临着不被市场接受或何时接受的风险；而且初创期的企业绝大多数都会遭遇资金匮乏、品牌认知度低、人才难招，管理混乱等。因此，这一阶段企业的主要风险是技术风险、市场风险、资金风险和管理风险。

同时，随着生产供应链延长和市场推广的进行，初创期公司开始向一个良性方向发展，规模逐渐扩大，组织结构慢慢形成，管理制度日趋完善，内部权责更加明确，此时，激励对象的要求也正在不断提高，人力资本的激励问题已经迫在眉睫。

基于上述原因，同时考虑公司运营对高层管理人员、核心技术人员、业务人员的依赖程度及企业股权结构等，处于初创期的企业可以采用干股、虚拟股权、员工持股计划等激励模式，留住关键人才，稳定企业发展，安全度过生存期。

实际也可以把以上几种模式结合起来使用。比如部分实股、部分虚拟股权或者业绩股票。

（2）发展期

发展阶段是企业规模扩大、营收增加时期。在这一阶段，公司的首要目的是获得长期持续发展。因此，企业除了大力开发新产品、提高产品知名度、进一步扩大市场占有率以外，还要不断完善公司内部管理机制，以防止因管理不当，引发制造成本过高、财务失控、市场增长缓慢等风险。

公司在这一阶段实施股权激励计划，通常能得到激励对象的拥护和支持。因此，公司应该选择力度较大的股权激励模式，比如业绩股票、员工持股计划、期权激励等，适当扩大激励对象范围，把对公司发展有重要作用的高管人员、核心技术人员和业务骨干纳入激励范围，使其与公司形成利益共同体，实现企业的快速持续发展。

（3）成熟期

企业进入成熟期后，客户群稳定，营收稳定，此时的市场风险最小。随着市场上同类新产品不断涌现，竞争日趋激烈，企业市场增长放缓，库存增加，价格战成为重要的营销策略。因此，降低成本和研发新产品将成为公司的重点工作。这种情况下，企业实施股权激励首先要达到的目的是稳定现有企业骨干人员，激励他们更加努力工作，同时还要考虑不能给企业带来太大的资金成本负担。

因此，在这个阶段，企业可视具体情况，选择业绩股票、期权、股票增值权、延期支付等激励模式。

（4）衰退期

当公司步入衰退阶段，可能面临销售明显下降，生产能力严重过剩，市场份额不断缩小，利润大幅下降甚至于连续亏损的局面。在这种险恶情况下，企业不得不考虑裁员问题，但仍要保留关键岗位的核心人员，此时，公司适合实施岗位分红权的股权激励模式。

对于各个阶段的激励模式选择，并没有定论，公司可以根据激励目的、股东意愿、激励成本、客观环境灵活选择单独使用或组合使用，以使方案达到最佳效果（见图 4-3）。

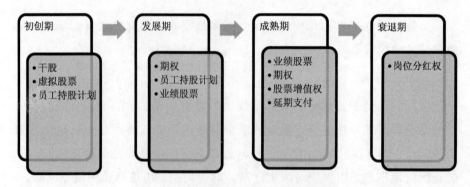

图4-3 企业不同阶段的股权激励模式

例如，华为在不同发展阶段，根据公司面临的内外部环境，具体需求，采取了不同的股权激励模式（见图4-4）。

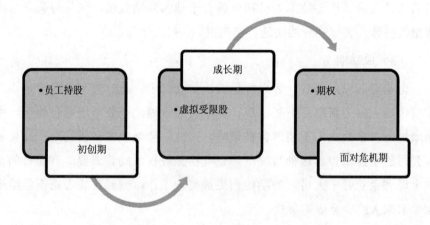

图4-4 华为不同时期的股权激励模式

1990年，初创期的华为为了稳定创业团队、开拓市场，获取研发新产品的需要的资金，采用了内部融资、员工持股的模式。当时，华为员工和华为与各地电信、行业客户成立的合资公司员工都有资格认购公司股份，参股的价格为每股10元，以税后利润的15%作为股权分红，只要是进入公司满一年的员工，都可认购公司股票，一般用员工的年度奖金购买，如果新员工的年度奖金不够派发的股票额，公司帮助员工获得银行贷款购买股权。

华为采取这种方式，缓冲了公司现金流紧张的局面，增强了员工的归属感，稳住了创业团队，最终完成了公司的战略任务，1995年销售收益达到15亿元人民币，1998年将市场拓展到中国的主要城市。

2000 年，为了获得持续快速发展，华为又实行了名为"虚拟受限股"的期权制度。得到虚拟股权的激励对象，可以据此享受一定数量的分红权和股价升值权。同时，华为公司还实施了一系列新的股权激励政策：新员工不再派发长期不变 1 元 1 股的股票；老员工的股票也逐渐转化为期股；以后员工从期权中获得收益的大部分不再是固定的分红，而是期股所对应的公司净资产的增值部分。

根据华为的评价体系，员工获得一定额度的期权，期权的行使期限为 4 年，每年兑现额度为 1/4，即假设某人在 2001 年获得 100 万股，当年股价为 1 元 / 股，其在 2002 后逐年可选择四种方式行使期权：兑现差价（假设 2002 年股价上升为 2 元，则可获利 25 万元）、以 1 元 1 股的价格购买股票、留滞以后兑现、放弃（即什么都不做）。

"虚拟受限股"计划和新的股权激励政策比股票的方式更加合理，拉开了员工之间的收入差距，使激励机制从"普惠"原则向"重点激励"的转变，留住了核心人才，保证了公司管理层对企业的控制权，更加适合发展阶段的华为。

2008 年，由于美国次贷危机的蔓延，全球经济形势恶化，华为也面临着冲击和业务下滑，此时，华为推出新一轮的期权激励措施：为所有在华为工作时间一年以上的员工配股，按照不同工作级别匹配不同的持股量，配股的股票价格为每股 4.04 元，年利率逾 6%。比如级别为 13 级的员工，持股上限为 2 万股，14 级为 5 万股。与以往配股方式类似，如果员工没有足够的资金实力直接用现金向公司购买股票，华为以公司名义向银行提供担保，帮助员工购买公司股份。

通过此次配股，一方面增加了员工的主人翁意识，提高了员工的工作积极性，激发了员工创造性，另一方面也使华为顺利渡过了危机，实现了公司的发展和员工个人财富的增值。

5. 企业所有权性质

企业的所有权性质，也是选择股权激励模式时需要考虑的问题。私营企业可以根据企业的实际情况，灵活地选择各种激励模式；国有企业则需要考虑不同股权激励模式对国有资产的影响、审批复杂程度、业绩考核条件等约束因素来确定。一般来说，国有企业适合选择股票期权、限制性股票等激励模式，而不适合采取直接奖励给高管的模式，如业绩股票的模式。

对于激励模式的选择，并没有定数，企业可以综合考虑各种因素，实行多种模式的创新组合，以达到最大激励效应。比如，将股票期权和业绩股票相结合，根据业绩的达成时间，改变期权生效期，或者改变期权的每期行权数量，鼓励激励对象提前完成业绩目标；将限制性股票模式和期权模式相结合，假设授予公司董事30万股的期权计划，每股1元，分期3年，首付6万元，每年用期股分红回填另外的12万期股，剩下的12万期股设定5年限制期，到期则将剩下的期股转为限制性股票，并要求继续服务3年后，所有30万期股归激励对象所有。

4.2 股权激励对象

股权激励对象也就是股权激励计划的受益人，确定股权激励对象，就是要明确股权激励时具体激励谁、激励什么样的人。

4.2.1 选择激励对象的方法

在企业中，往往是20%的人才创造了80%的效益，这20%的人就属于核心人才。比如拥有高超的专业素养和优秀职业操守的经理人、掌握关键技术的研发人员、控制关键资源的市场运营人员、掌握企业核心盈利渠道的销售人员、为企业做出或者正在做出卓越贡献的员工，或者说是因为他们的存在而弥补了企业发展过程中的某些空缺或者不足的员工，股权激励的对象应该是这部分人群。具体来说，这部分人包括以下几种（见表4-1）。

表4-1　核心人才内容

高管类	公司核心经营管理团队，包括CEO、董事长、总经理等；未来可能设置的高管，如董事长秘书、副总等
研发类	掌握核心技术，工作内容与技术研发相关的员工，比如研发总监、高级工程师、技术负责人等
运营类	掌握关键运营资源，工作内容与市场相关的员工，比如市场总监、核心项目经理人等
销售类	掌握重要销售渠道，拥有大客户的员工，比如销售总监、区域负责人等

对于以上人才，我们可以利用人才评价模型，从岗位价值、素质能力、历史贡献三个方面来进行评测（见表 4-2），按照人才评价模型给予综合评分（见表 4-3）。

表 4-2　人才评价模型释义

岗位价值	员工的一部分价值要通过其所处的岗位价值来体现，明确股权激励前提下岗位价值的评估要素，评价岗位的价值，进而评价岗位上的员工价值
素质能力	员工素质能力水平的高低，既表示他目前为公司创造的价值，也是对他未来发展潜力的预期
历史贡献	评测员工对公司的历史贡献，既是对老员工成绩的肯定，也起到为新员工树立典范的作用，让新员工看到，只要为公司发展做出贡献，就会得到公司发展带来的效益

表 4-3　人才评价模型内容

维度	序号	因素名称	因素分值	因素含义
岗位价值	1	战略影响	13 分	岗位所能影响到的战略层面和程度
	2	管理责任	10 分	岗位在管理和监督方面承担的责任大小
	3	工作负责性	10 分	岗位工作中所面临问题的复杂性
	4	工作创造性	13 分	岗位在解决问题时所需要的创造能力
素质能力	5	专业知识能力	12 分	员工所具有的专业知识能力的广度和深度
	6	领导管理能力	12 分	员工所具有的领导管理能力水平
	7	沟通影响能力	10 分	员工所具有的沟通及影响他人能力的水平
历史贡献	8	销售业绩贡献	7 分	员工以往对销售业绩的贡献大小
	9	技术进步贡献	7 分	员工以往对技术进步的贡献大小
	10	管理改进贡献	6 分	员工以往对管理改进的贡献大小

然后，公司拟定一个分数标准线，人才价值得分高于该分数标准线的人员进入股权激励对象考虑范围（见图 4-5）。

比如，按照核心人才评价模型，某研发人员的评价得分为 80 分，而公司划定的人才价值分数标准为 75 分，则该人员可以划入股权激励对象范围。

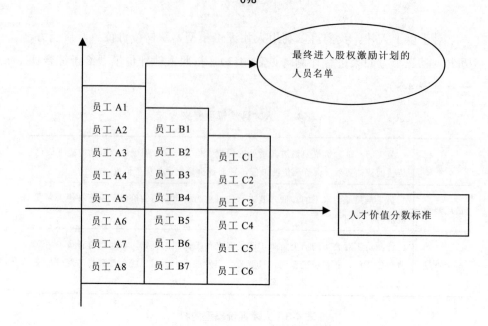

图 4-5　核心人才分数评价标准模型

在对激励对象按照考虑范围的标准线进行筛选后，再次进行"可替代性"原则的筛选，如果员工在其岗位的成本小于市场招聘的成本，说明员工与市场招聘人员可替代性较弱，岗位人员可"复制"成本高，有必要对该员工进行激励。

4.2.2　选择激励对象要避免的几种倾向

在确定股权激励对象时，应该避免以下几种倾向（见图 4-6）。

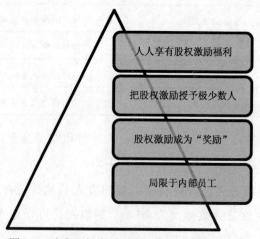

图 4-6　确定股权激励对象时要避免的集中倾向

第一种情况，把股权激励当作人人都可以参与的普遍性福利。由于激励可分配股份总量有限制，如果人人都享有股权激励福利，每个人可获得的份额就会较少，激励力度比较小，激励效果不充分或者没效果。另外，人人都享有，没有体现奖优罚劣的原则，是一种实质上的不公平，激励效果会比较差。

第二种情况，只把股权激励授予极少数人，往往不超过 10 人。只把股权激励授予极少数人，只会表现出公司董事会没有分享的精神，会导致公司中层管理者和骨干员工的不满，核心员工的离开，因此也达不到应有的激励效果。

第三种情况，将股权激励的侧重点放在 "奖励"上。在选定激励对象时，公司更应该着眼于未来，侧重评估激励对象对公司未来发展的重要作用，而不是他们对公司的历史贡献，选择那些能够对公司未来的持续发展产生重大影响的人员。

第四种情况，激励对象仅限于公司内部。公司的发展离不开外部环境，比如供应商、代理商、分销商等。我们应当把眼光放长远，把对公司业绩起积极促进作用的外部人员纳入其中，考虑给予他们股权激励，以使他们通过分享公司利润和股权增值，促进公司业绩，与公司共同成长。

4.3　股权激励来源

股权激励来源包括实施股权激励计划的股份来源和激励对象购股资金来源（见图 4-7），二者缺一不可，否则，股权激励计划无从谈起。

图 4-7　股权激励来源

4.3.1　股份来源

对于非上市公司而言，由于无法在公开市场发行股票，所以不能采用增发股票或二级市场购买股票的方式解决股权激励标的来源问题，但可以采用以下几种方式（见图4-8）。

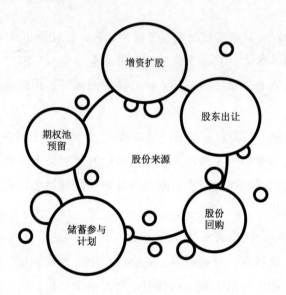

图 4-8　股权激励股份来源的渠道

1．期权池预留

期权池（Option Pool），也就是我们常说的留存股票，是公司在融资前为未来吸引高级人才而预留的一部分股份，用于激励员工（包括创始人自己、高管、骨干、普通员工），是初创企业为解决股权激励标的来源普遍采用的形式。

举例说明，ABC 公司为一家初创公司，创始人为甲，公司融资前估值700 万元，引入了风险投资后，融资 200 万元，并在增资协议中约定，ABC公司需要拿出摊薄后 10%的股权用于激励公司核心团队。最终 ABC 公司股权结构变更为甲持股 70%，风险投持股 20%，员工持股 10%，这 10%即为期权池。

按照惯例，期权池的大小一般为 10%~20%之间。需要的核心员工越多，角色越重要，期权池就越大，反之亦然。

2．股东出让股份

这种方式下，由原股东出让部分股权作为股权激励标的来源。这主要涉及股东是否有转让意愿，尤其是大股东的出让意愿，以及能否经过其他股东过半数同意，其他股东能否放弃优先购买权。根据《公司法》规定，有限责任公司的股东向股东以外的人转让股权，应当经其他股东过半数同意。股东应就其股权转让事项书面通知其他股东征求同意，其他股东自接到书面通知之日起满三十日未答复的，视为同意转让。其他股东半数以上不同意转让的，不同意的股东应当购买该转让的股权；不购买的，视为同意转让。

经股东同意转让的股权，在同等条件下，其他股东有优先购买权。两个以上股东主张行使优先购买权的，协商确定各自的购买比例；协商不成的，按照转让时各自的出资比例行使优先购买权。

鉴于此，公司可以事先与其他股东约定就股权激励有关的股权转让放弃优先购买权。

3．增资扩股

公司召开股东会，经代表三分之二以上表决权的股东通过后，采用增资扩股方式进行股权激励。行权后，公司的注册资本将适当提高，也是一种解决股权激励标的来源的方法。

4．股份回购

除了以上三种途径，还可以采用股份回购方式获得激励标的，但需要注意的是，公司只能在以下四种情况下回购本公司股票：减少公司注册资本；与持有本公司股份的其他公司合并；将股份奖励给本公司职工；股东因对股东大会做出的公司合并、分立决议持异议，要求公司收购其股份的。

按照《公司法》第七十一条规定："经股东同意转让的股权，在同等条件下，其他股东有优先购买权。两个以上股东主张行使优先购买权的，协商确定各自的购买比例；协商不成的，按照转让时各自的出资比例行使优先购买权。"

此外，《公司法》第一百四十二条规定："公司回购自己股份用于奖励职工应遵循以下规则：公司依照有关规定收购的本公司股份，不得超过本公司已发行股份总额的百分之五；用于收购的资金应当从公司的税后利润中支出；所收购的股份应当在一年内转让给职工。"

5. 储蓄参与计划

储蓄参与计划也是非上市公司获得股权激励来源的一种方式，员工将每月基本工资的一定比例放入公司为员工设立的储蓄账户，设定特定期限（如两年）为一期。一般公司规定的比例是税前工资额的 2%～10%，少数公司规定的比例最高可达 20%。

在该种方案中，股权激励对象的收益为股权参与计划期初本公司每股净资产与到期时每股净资产之间的价差。股权激励对象的风险为当期末每股净资产低于期初每股净资产时，雇员可收回本金，但将损失利息。

4.3.2　购股资金来源

激励对象购股资金来源，也是需要考虑的一个问题，否则股权激励计划只能停留在纸面。现阶段，激励对象购买激励标的资金来源渠道主要有以下几种（见图 4-9）。

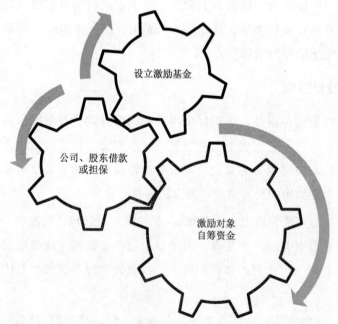

图 4-9　非上市公司的激励对象购买股权激励标的的资金来源

1．激励对象自筹资金

公司在设定股权激励标的价格时，会考虑到员工的实际薪资收入，并给予优惠价格，一般要求自筹资金购买。所以，合法薪酬就成为主要途径。但在很多情况下，员工可能不愿意自掏腰包购买，这时在征得员工同意的前提下，公司可以考虑从其工资或奖金中扣除一部分，作为购买股权激励标的的资金。

2．公司、股东借款或担保

在非上市公司中，法律并没有限制公司或股东为激励对象提供借款或担保，因此，有些时候为了使股权激励计划的实施更加顺利，获得更大的激励效应，公司或股东可以为激励计划提供借款或贷款担保，使员工获得购股资金。

例如，华为在历次的股权激励中，都会考虑到员工的购买能力，如果新员工的年度奖金不够派发的股票额，公司会提供担保，帮助员工获得银行贷款购买股权。

3．设立激励基金

为了支持股权激励计划，公司可以从税后利润中提取法定公积金或经股东会同意后提取任意公积金，建立专门基金用于股权激励计划。

比如龙净环保的员工持股计划，其购股资金来源于公司专门设立的一个"奖励基金"：以该公司 2013 年度的净利润为基数提取 10%奖励基金，作为首期员工持股计划的资金；之后每一会计年度，均以公司上一会计年度净利润为基数，提取 10%的奖励基金进入员工持股计划资金账户。这一奖励基金计划提取 10 年，即 2014 年～2023 年。

4.4　股权激励额度

究竟拿出来多少股份进行股权激励？给每个激励对象多少股份合适？单个激励对象授予的股份数量如何计算？这是企业在设计股权激励方案时必须关心的问题，也就是我们常说的股权激励额度。

股权激励额度包括激励总额度和个人额度（见图 4-10），企业在设计时需要综合考量企业的资产和规模、激励的对象范围和人数、战略投资者的额度等因素。

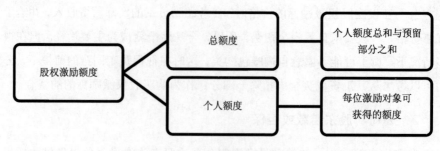

图 4-10　股权激励额度

4.4.1　总额度设定方法

非上市公司的股权激励总额度设定，不受法律的强制性规定，公司拥有更大的自主权，可以着眼于公司未来，综合考虑以下几个因素统筹规划（见图 4-11）。

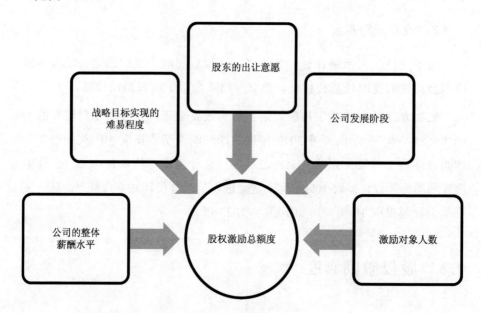

图 4-11　确定股权激励总额度的因素

1. 激励对象人数

公司激励对象人数较多，为了使每个激励对象得到一定数量的股权，从而产生积极的激励效果，激励总额度就要大一些；反之亦然。

2．公司的整体薪酬水平

股权激励总额度应该与公司的整体薪酬水平相适应。如果公司的整体薪酬水平高于同行业水平，则激励总量可以少一些；如果公司的整体薪酬水平低于同行业水平，则激励总量可以多一些，通过激励所得利益，使公司的整体薪酬水平达到或者超过同行平均水平。

3．公司战略目标实现的难易程度

股权激励的目的是为了达成公司的战略目标，因此，股权总额度的设定应该考虑到战略目标达成的难易程度。如果战略目标较高，达成难度较大，需要激励对象付出很大努力，股权激励总额度应加大；如果战略目标较低，达成的难度较小，需要激励对象付出的努力较少，股权激励总额度可以适当减少。

4．股东的出让意愿

股权激励总额度的大小和现有股东的股权出让意愿有关，一般来说，具有分享精神和长远眼光的股东，让渡股权的意愿更大，相应地激励总额度也会大一些；反之，则少一些。当然，着眼长远利益而合理地放弃部分眼前利益，股东还要考虑到股东控制权及留存股票的最高额度（现有股东所能忍受的股权稀释的最大程度）等问题。

例如，乐视的股权激励计划就非常慷慨，股东拿出了原始总股本的 50% 作为股权激励总量，这在中外企业界是非常少见的；华为的创始人任正非具有大格局分享精神领袖的典范，将公司大部分股份都分给了员工，自己实际持有华为的股权仅有 1.01%；蒙牛的创始人牛根生将其所持有的价值数亿元的蒙牛股份悉数捐献给了"老牛基金会"，帮助公司实施更广范围内的股权激励计划。

5．公司发展阶段

处于扩张期、成熟期的公司，规模大，成长性好，薪酬水平高，股权激励总量可以小一些，因为公司体量大、发展稳定，虽然股权激励的总量小，但产生的激励效应不会小；反之，如果公司发展阶段较低，由于规模小，收入不稳定，股权激励总量则应该大一些，否则难于产生有效的激励作用。

6．其他因素

除了以上 5 个因素，公司股权激励总额度的确定还要考虑拟融资计划、竞争对手的激励程度、公司资本运作战略、人力资本结构、净资产等。

考虑到未来融资需求，如果未来通过出让股权获得融资的比例大，股权激励总量应该小一些；如果出让股权少，则股权激励总量可以多一些。

考虑到同行业类似规模的企业激励额度较大，为了防止人才外流，也为了吸引优秀人才长期为公司服务，公司的激励总额度可以适当提高。考虑公司的人力资本结构，如果属于人力资本密集型的单位，比如高科技公司、互联网公司，激励总额度应该大一些；若属于资本密集型公司，激励总额度可以低一些。

另外，还要看公司的净资产情况。在同等规模的企业中实施股权激励计划，净资产越多的公司，其激励股份总额度可以小一些；相反，其激励股份总额度可以大一些。

股权激励总额度的确定需要一个整体的规划，除了考虑现有激励对象的总额度，还要考虑到为未来人才引进预留部分股权，作为后续股权激励来源储备，一般来说，激励总量应控制在股本总额的 15% 以内。

以岗位分红为激励模式的公司，则可以提取分红基金。一般来说，分红基金根据公司当年经营情况，在利润中提取比例，以上一年的奖金在公司净利润中所占比例为参考，本着调剂盈亏、平衡收入的原则，制定一个合适的调整系数，控制在 1~1.5 之间。

假设在实行分红制度的上一年度，公司的净利润为 500 万元，上年年终奖金总额为 20 万元，则公司提取的分红基金的比例基准=（上年年终奖金总额/上一年公司净利润）×（1~1.5）=（20/500）×（1~1.5）=4%×（1~1.5）。

则最高线：4%×1.5=6%

中间线：4%×1.3=5.2%

最低线：4%×1=4%

假设该公司当年实现利润 600 万元，则分红基金=当年公司利润×分红基金提取比例，分别对应如下：

最高线：600×6%=36 万元

中间线：600×5.2%=31.2 万元

最低线：600×4%=24 万元

4.4.2　个人额度设定方法

在确定完股权激励总额度后，再具体到岗位额度和个人额度的确定，基本操作步骤如下（见图 4-12）。

图 4-12　确定个人额度的操作步骤

1．确定层级额度

按照职级，把激励对象分为 5 个层级，分别为：高级管理层、中级管理层、核心技术人员层、核心营销人员层、基层人员等 5 个层级（见表 4-4）。再根据各层级的重要性，赋予不同的权重，计算出分配额度。

表 4-4　激励对象层级划分

级数	层级	人数	职级	权重
一级	高级管理层	4	副总裁、总经理、副总经理	20%
二级	中级管理层	6	各部门主管、总监、高级经理	20%
三级	核心技术人员层	10	高级工程师、项目负责人、拥有专业技能、处在关键技术岗位的人	20%
四级	核心营销人员层	10	核心运营、推广、业务骨干	20%
五级	基层员工	8	人事、行政、财务、业务员等	20%

假设公司拿出 200 万股做股权激励，按照平均分配原则，每个层级分配的额度为 40 万股。

2．确定个人额度

公司初步拟定各个层级的股权激励分配额度总量后，考虑个人业绩贡献度、岗位、任职年限（司龄）、职级、工资系数等重要纬度，计算激励对象分配的个量。

个人系数＝司龄系数×权重 1+职级系数×权重 2+岗位系数×权重 3+工资系数×权重4，其中权重1+权重2+权重3+权重4=100%。

总系数＝Σ个人系数

个人获授权益份额＝本岗位层级激励总量×个人分配系数÷总分配系数

以上各个系数可以自由组合，以职级系数和司龄系数组合为例。A 公司本次股权激励标的授予的范围为职级数 6 以上的员工，每个职级对应不同的系数（见表 4-5），个人分配系数=60%职级系数+40%司龄系数。

表4-5　公司职级系数表

职级数	职级系数	工龄	工龄系数
N13	1.4	10 年以上（包括 10 年）	1.2
N12	1.2	5～10 年（包括 5 年）	1.0
N11	0.9	3～5 年（包括 3 年）	0.8
N10	0.7	1～3 年（包括 1 年）	0.6
N9	0.6	1 年以下	0.4
N8	0.5		
N7	0.4		
N6	0.3		

以某销售总监为例，职级为 N11，司龄为 8 年，因此个人系数=0.9×60%+1×40%=0.94。假设该岗位授予股份总量为 40 万股，总分配系数为 5，则该销售总监的分配额度为 40×0.94/5=0.732 万股。

再以工资系数和司龄系数组合为例。个人分配系数＝司龄系数×30%＋工资系数×70%

总分配系数＝Σ个人分配系数

将某一水平的工资系数标准化为 1，其余激励对象的工资系数做同比例调整。例如，设平均工资 5 000 元为工资系数，如某员工月工资为 3 000

元，则其个人工资系数为 3 000/5 000=0.6；如某员工的月工资为 10 000 元，则该员工的工资系数为 10 000/5 000=2。

假设某部门经理的工资为 8 000 元，司龄为 5 年，则个人分配系数 =8 000/5 000×70%+1×30%=1.42。如果该岗位授予股份总量为 40 万股，总分配系数为 5，则该经理的获授额度为 40×1.42/5=11.36 万股。

4.4.3　销售部门额度设定方法

企业的销售部门掌握着公司利润的来源，应该纳入股权激励范围。在额度设定中，可以参考以下方法。

个人激励额度＝销售部激励总量×个人分配系数÷总分配系数

个人分配系数＝该销售员增长率换算系数×权重 1＋该销售员年度利润换算系数×权重 2＋该销售员年度目标利润指标增长率换算系数×权重 3，其中权重 1＋权重 2＋权重 3=100%。

总分配系数＝∑营业部经理分配系数

假设销售员增长率换算系数规定如下：

销售员利润增长率（G）	G<20%	20%≤G<50%	50%≤G<100%	100%≤G
增长率换算系数	1	2	3	4

年度利润换算系数规定如下：

销售员年度利润（百万元）	R<0	0≤R<0.5	0.5≤R<1	1≤R<2	2≤R<3	3≤R<4	4≤R<5	5≤R<6	6≤R
年度利润换算系数	0	1	2	3	4	5	6	7	8

年度目标利润指标增长率换算系数规定如下：

年度目标利润增长率	G<40%	40%≤G<70%	70%≤G<100%	100%≤G<150%	150%≤G<200%	200%≤G
增长率换算系数	1	2	3	4	5	6

假设某销售员 2015 年实现利润 150 万元，利润增长率为 25%，目标利润增长率 10%，权重 1、权重 2、权重 3 分别为 0.2、0.6、0.2，则该销售员的个人分配系数=2×0.2+3×0.6+1×0.2=2.4。公司授予销售部门 40 万股激励标的，总分配系数为 5，则该销售员的获授激励额度为 40×2.4/5=19.2 万股。

事实上，在股权激励额度分配过程中，由于公司和激励对象个性化因素多且复杂，很难以用一种方法或一次测算来保证分配的合理性，常常需要在第一次确定个量之后，由公司管理层根据激励对象实际情况进行适当调整；然后根据调整情况，进行二次或三次测算，最终确定分配个量。

具体来说，在个人激励额度调整过程中，需要考虑下面几个因素（见图 4-13）。

图 4-13　个人激励额度调整考虑的因素

1．公平、效率

企业在确定单个激励对象额度时，要注意合理分配，高层管理人员、中层管理人员、核心技术（业务）骨干所占股权激励份额的比例，应该能够体现公平、公正原则。高管所占比例不能过高，以免使激励对象产生不公平感；另外，还要兼顾效率原则，在具体的授予额度上，应该按照其对公司的贡献和重要性来确定，体现出一定的区别。

2．实际薪酬水平

在公司内部，员工的薪酬水平一般都是根据其实际能力、对公司的重要程度来确定的。因此，激励对象的授予额度，也应该与其之前的薪酬情况相适应，而不应该出现薪酬与激励额度倒挂现象，即水平低的激励对象，所获得的激励股份份额反而超过了薪酬水平高的激励对象的情况。

3．激励对象的心理预期

对于激励额度，每个人的心理预期是不同的。有的人期望值较高，如果给予的股权激励额度太少，则起不到激励作用；有的人小富即安，可能较小的额度就能起到激励作用。因此，公司在确定个人激励额度前，应该考虑到这一因素，适当征求激励对象的意见。

具体操作时，企业可以选取潜在激励对象中具有层级或部门代表性的员工由中介机构进行尽职调查，以便使激励额度的分配更好地切合激励对象的诉求。

4．其他因素

除此之外，激励对象的不可替代性、职位高低、业绩表现、工作年限也是考虑的因素。一般而言，激励对象的不可替代性越高、职位越高、业绩表现越好，所获得的激励份额越多，反之亦然；激励对象在公司工作年限越长，说明其对工作的忠诚度越高，对公司的贡献越大，所获得的激励份额也因该相应增多，反之亦然。

4.5 股权激励价格

股权激励标的价格，是指激励对象为了获得每份激励标的而需要支付的对价。对于激励对象来说，激励标的的价格越低，对其越有利。但是，过低激励标的价格会有损股东利益。因此，在确定激励标的价格时，既要考虑激励对象的承受能力，也要考虑到保护现有股东的合法权益。

对于非上市公司，由于没有相应的股票价格作为基础，双方对股份价格往往不一致，对价格的确定难度要大得多。实践中，一般通过以下几种方法确定激励标的价格（见图4-14）。

图 4-14　确定股权激励价格的方法

4.5.1　净资产评估定价法

净资产评估定价法是确定股权激励价格最简单的方法。先对公司的各项资产进行评估，得出各项资产的公允市场价值及总资产价值，然后用总资产价值减去各类负债的公允市场价值总和，算出公司的净资产，用净资产除以总股数就得到公司的股份价格。

比如，公司净资产为 5 000 万元，设定总股数为 1 000 万股，那么，公司的股份价值为每股 5 元。

这种方法简单直观、易于操作，适用于公司的账面价值与市场价值差别很大的情况企业。

4.5.2　模拟股票上市定价法

模拟股票上市定价法又称为市盈率定价法。是指模拟上市公司上市时的定价方法，把市盈率和预测的每股收益相乘，得出该公司的股份价格，公式如下：

股份价格=每股收益×市盈率

用上述公式来确定公司股份价格时，需要先计算公司的总收益，设置总股数，得出每股收益，市盈率则可参考同类公司上市时的市盈率。

例如，某制药公司预测当年总收益为 1 000 万元，设置总股数为 500 万股，而当年 A 股医药类上市公司的平均市盈率为 8，则该公司的股份价格=1 000/500×8=16 元。

除了以上公式，也可以参考我国公司上市时的股票定价公式：P=R×V/[S1＋S2（12-T/12）]

其中，P 是发行价格，R 是经审核的当年预期利润，S1 是公司公开发行股票前的总股数，S2 是公开发行股份数，T 是股票发行月份，V 是市盈率。

在使用上述公式时，首先，预期当年的预期利润，这可以根据公司上一年度的损益表，本年度已发生的损益情况进行预测。其次，选择合适的市盈率，可参考同类公司上市时的市盈率；然后，公司的总股数可看作公开发行股份的总股数，同时，把股权激励计划的激励股份数量看作公开发行数量，将实施股权激励的年月看作股份发行月份；最后，确定公司价值和股权激励的行权价格。

模拟股票定价法适用于规模较大，市场上可以找到同类参考公司的企业。

4.5.3 考虑收入、利润定价法

综合考虑销售收入、净利润和净资产的价值，分别对它们赋予不同的权重，计算出公司的总价值，然后设定公司的总股数，用总资产除以总股数就是每股的价格；或者考虑无形资产和无形资产两个因素，分别对它们赋予不同的权重，计算出公司的总价值，然后设定公司的总股数，用总资产除以总股数得出每股的价格。

这种方法最直接、最简单、最易操作，适合规模小、业务简单的公司使用。

例如，某公司当年的销售收入为 1 000 万元，净利润 300 万元，净资产 800 万元，三者的权重分别为 0.4、0.3、0.3，则公司的总价值为 1 000×0.4+300×0.3+800×0.3=730 万元，公司设定的总股数为 100 万股，则每股价格为 7.3 元。

4.6 股权激励时间

股权激励计划有几个重要的时间支撑点（见图 4-15）：一是股权激励授权日；二是股权激励的等待期；三是股权激励有效期；四是股权激励禁售期；五是股权激励行权期。

只有合理安排好以上几个时间点，才能让股权激励发挥最大效应。

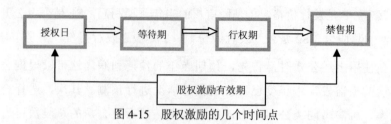

图 4-15　股权激励的几个时间点

4.6.1　授权日

股权激励的授予日是指激励对象实际获得授权（股票期权、限制性股票、虚拟股权）的日期，是股权激励的实施方履行激励计划而为激励对象所接受的时点。在决定股权激励计划等待期、行权期、禁售期时，一般是以授权日为起算点，而不是以生效日为起算点。

股权激励计划的生效日，一般是指公司股东大会审议通过之日，而授权日是在股东大会通过后，再召开董事会指定一个具体日期。所以，授权日应当在生效日之后。

对于上市公司而言，授权日必须是交易日，对非上市公司而言，则不存在交易日与非交易日的区别，只要在工作日内都可以。

非上市公司股权激励计划授权日的确定可以参考以下几个日期（见图 4-16）。

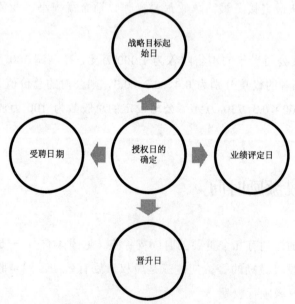

图 4-16　非上市公司确定授权日的参考日期

1．受聘日期

当公司认为有必要对新进的高管、董事等核心人员进行股权激励时，其受聘日可以作为股权激励计划的授权日。

2．业绩评定日

授权日应当与企业考核日期相适应，最好在激励对象考核成绩出来后，对于表现优异的人员，可以考虑纳入股权激励对象范围，也可以选择单独授予股权激励计划。

3．晋升日

激励对象的晋升，说明了对公司的重要性，为了激励其更加努力，可以考虑在晋升之日授予股权激励标的。

4．战略目标起始日

为了完成企业的战略目标，可以考虑将实现目标需要的核心人员纳入股权激励计划，在战略目标起始日授予股权激励标的。

股权激励标的授权，一般经过以下几个步骤（见图 4-17）。

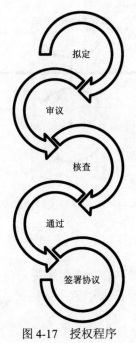

图 4-17　授权程序

（1）董事会提名、薪酬与考核委员会负责拟定股权激励授予方案。

（2）董事会审议批准提名、薪酬与考核委员会拟定的股权激励授予方案。

（3）监事会核查授予股权激励计划的激励对象名单是否与股东大会批准的股权激励计划中规定的对象相符。

（4）股东大会审议通过授予股权激励标的的激励对象计划，并在通过之日起一定时限内，对激励对象进行授权。

（5）公司与激励对象签订《授予股票期权协议书》，约定双方的权利和义务。

4.6.2　等待期

股权激励计划的等待期是指激励对象获得股权激励标的授权之后，需要等待一段时间，达到一系列事前约定的约束条件，才可以实际获得对激励股份或者激励标的的完全处分权。

等待期又分为一次等待期、多次等待期和业绩等待期（见图4-18）。

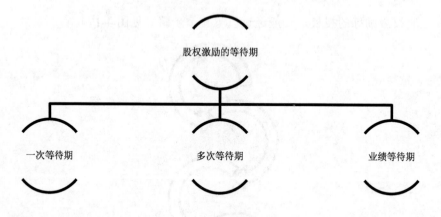

图4-18　股权激励的等待期类型

1．一次等待期

一次等待期是指激励对象在一个等待期限满后，可以行使全部权利。例如，自股份授予之日起的12个月后，激励对象可将手中持有的全部股份解锁。

2．多次等待期

多次等待期是指激励对象分批行权，分次获得激励标的的完全处分权。例如，激励对象在满足行权条件时，分四批次行权，每次行权比例为激励标的总额的 25%，等待期限分别为 1 年、2 年、3 年和 4 年，或者激励对象所持有的股票期权每年按不同的比例获得执行权利。例如，4 年的等待期前 3 年分别执行 20%，最后 1 年执行 40%。

3．业绩等待期

业绩等待期是指规定一个业绩目标，当目标达成时，激励对象所持有的股权激励份额就可以全部执行。例如，公司规定当净资产增长率、利润增长率等指标达到某一个目标时，激励对象的股票期权即获得执行权利。

等待期的时间长度，不是单纯耗费时间的延期支付，也不是随意设定的，需要和公司的阶段性战略目标实现期限相一致。过短的等待期不利于体现长期激励效应，甚至诱发激励对象的短期行为，有悖于股权激励的初衷；过长的等待期又会挫伤员工积极性。

4.6.3　有效期

有效期是指股权激励计划从生效到最后一批激励标的的股份行权或解锁完毕的整个期间。这个有效期没有统一规定，但一般为 2～10 年。

非上市公司在设定股权激励有效期时，应该考虑以下两个因素（见图 4-19）。

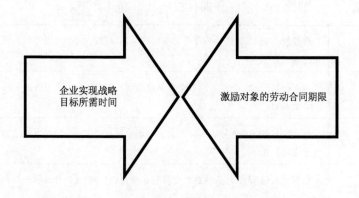

企业实现战略目标所需时间　　激励对象的劳动合同期限

图 4-19　股权激励有效期设定时考虑的因素

1．企业实现战略目标所需时间

股权激励计划是为了更好地实现企业的战略目标，因此，股权激励有效期的设定应当与企业战略目标设定的时间相一致，如果企业实现战略目标的时间是 6 年，那么股权激励的有效期应该是 6 年或 7 年，以便企业更好地判断激励对象的努力是否达到了预期目标；如果把激励期限设定为 5 年或 4 年，那么员工很有可能还未完成企业战略目标，就提前把股权激励标的行权完毕，这显然有悖于企业实行股权激励计划的初衷。

例如，在浙江美大推出的限制性股票激励计划中，设定的股权激励有效期为自首次股票期权授权之日起计算，最长不超过 3 年，阶段性目标时间 1 年，股权激励有效期大于企业的阶段性目标期限，是比较合理的。

2．激励对象的劳动合同期限

股权激励对象一般的都为企业正式聘用、签订劳动合同的员工。而劳动合同都是有期限的，一般情况下，股权激励有效期不应该超过劳动合同期限，以避免激励对象劳动合同期限已满，而仍处于激励计划的有效期内的情形。

4.6.4　行权日

"行权"，也称为"执行"，是指员工根据股权激励计划选择购买股票的过程；员工行使上述权利的期限为"行权期"，也称为"购买期"。

非上市公司行权期的确定不受法律的限制，公司可以结合实际情况确定行权期。一般情况下，采取分期行权方式，具体如下。

第一个行权期	自授权日起12个月后的首个交易日起至授权日起24个月内的最后一个交易日止	25%
第二个行权期	自授权日起 24 个月后的首个交易日起至授权日起 36 个月内的最后一个交易日止	25%
第三个行权期	自授权日起 36 个月后的首个交易日起至授权日起 48 个月内的最后一个交易日止	25%
第四个行权期	自授权日起48个月后的首个交易日起至授权日起60个月内的最后一个交易日止	25%

对于非上市公司而言，由于激励对象获得股权，需要到工商登记部门予以注册备案，如果激励对象不能在一段时间集中行权，则会导致办理工商股权登记特别烦琐。公司可以在可行权日期内，专门设立一段时间为每年的行权窗口期，例如每年的 12 月份。

非上市公司激励对象行权，一般经过以下三个步骤（见图 4-20）。

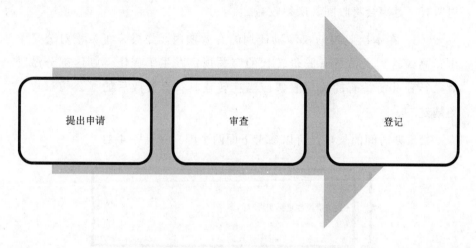

图 4-20　非上市公司的行权程序

（1）激励对象向提名、薪酬与考核委员会提交《行权申请书》，提出行权申请。

（2）董事会与提名、薪酬与考核委员会对申请人的行权资格与行权条件审查确认。

（3）公司凭行权完成后股份结构变动表，向工商登记部门办理公司股份变更事项的登记手续。

4.6.5　禁售期

为了防止激励对象在获授激励标的后套现离职，损害公司利益的行为，股权激励计划可以设定禁售期。

禁售期是指激励对象在行权后，必须在一定时期内持有该激励标的，不得转让、出售。对非上市公司来说，这个时间相当于激励对象的服务时间，是激励对象对自己付出与所得的一个时间边界。

我们可以这样规定股权激励计划的禁售期：

（1）激励对象为公司董事、高级管理人员的，其在任职期间内每年转让的股份不得超过其所持有公司股份总数的 25%；在离职后半年内，不得转让其所持有的公司股份。

（2）激励对象为公司董事、高级管理人员的，将其持有的公司股票在买入后 6 个月内卖出，或者在卖出后 6 个月内又买入，由此所得收益归公司所有，董事会将收回其所得收益。

（3）在本次股票期权激励计划的有效期内，如果公司章程对公司董事、高级管理人员持有股份转让的有关规定发生了变化，则这部分激励对象转让其所持有的公司股票应当在转让时符合修改后的《公司章程》的规定。

禁售期时间的长短，可以参考下面两个因素（见图 4-21）。

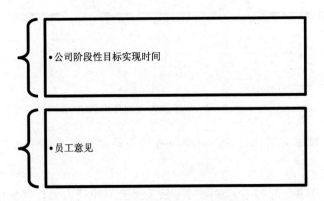

图 4-21　禁售期设定的参考因素

如果公司阶段性战略目标实现需要较长的时间，那么对激励对象的禁售期也可以延长，以免激励对象进行套利后离开公司，影响公司长期战略的实施；但禁售期不是越长越好，过长的禁售期会引发员工心理波动，进而影响到股权激励效应。因此，如果延长禁售期，应当尊重员工的意见，以避免激励对象对于激励计划的不予认可或者出现纠纷。

4.7　股权激励条件

股权激励条件包括公司业绩考核条件和个人绩效考核条件。

4.7.1 公司业绩考核条件设定

对公司业绩的考核主要为财务指标，如企业净资产增长率、净利润增长率、主营业务收入增长率、净资产收益率等，企业可以选择其中几项作为考核条件。

例如，汉鼎股份规定的行权业绩条件为净利润增长率和加权平均净资产收益率。具体如下：

行权期	业绩指标
第一个行权期	2014 年度较 2013 年度的净利润增长率不低于 30%；2014 年度的加权平均净资产收益率不低于 11.40%
第二个行权期	2015 年度较 2013 年度的净利润增长率不低于 69%；2015 年度的加权平均净资产收益率不低于 13.10%
第三个行权期	2016 年度较 2013 年度的净利润增长率不低于 102.80%；2016 年度的加权平均净资产收益率不低于 13.74%
第四个行权期	2017 年度较 2013 年度的净利润增长率不低于 143.36%；2017 年度的加权平均净资产收益率不低于 14.33%

4.7.2 个人绩效考核条件设定

个人绩效考核是指公司对员工行为和业绩进行评估，以确定是否满足股权激励计划的授予或行权条件。常见的方法有平衡积分卡（BSC）、关键绩效指标（KPI）、360 度考核法等（见图 4-22）。

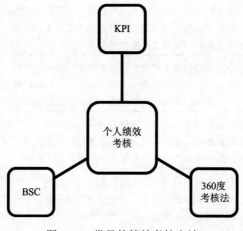

图 4-22 常见的绩效考核方法

1．平衡计分卡（BSC）

平衡计分卡是指从企业的财务、客户、内部业务过程、学习与成长四个角度出发（见图 4-23），将企业战略目标逐层分解转化为各种具体的、相互平衡的绩效考核指标体系，并对这些指标的实现状况进行不同时段的考核，从而为企业战略目标的完成建立起可靠的执行基础，是一个系统性的战略管理工具（见表 4-6）。

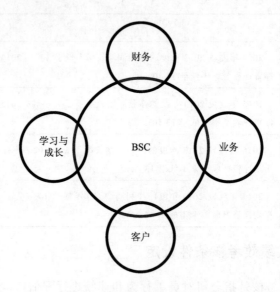

图 4-23　平衡积分卡的四个纬度

表 4-6　平衡计分卡的内容

财务方面	财务性绩效指标能够直观反映公司业绩和股东利益，是对公司业绩进行控制和评价的工具，在平衡计分卡方法中予以保留。常用的财务性绩效指标主要有利润增长率和资产回报率
业务方面	企业战略目标的实现、客户各种需求的满足和股东价值的追求，都依靠企业内部经营支持，企业可以从创新、生产经营和售后服务三个具体环节入手，探索如何管理内部业务，以实现企业更好的发展
客户方面	平衡计分卡依然强调以顾客为核心的思想，即"顾客造就企业，通过客户满意程度、客户保持程度、新客户的获得、客户获利能力和市场份额等指标的评价，为企业建立实现目标的可执行基础
学习与成长方面	企业的发展依赖三个方面的资源，即人员、信息系统和企业流程。因此，企业应该加强员工培训，不断改进信息系统和企业管理流程，并通过员工培训支出、员工满意程度、员工的稳定性、员工的生产率等指标的考核，来提升企业成长能力

平衡计分卡的四个方面存在着因果关系，既包含结果指标，也包含促成这些结果的先导性指标，是一个相互依赖、支持和平衡的有机统一评价体系。我们以某酒店公司为例，来说明平衡计分卡如何操作。

第一步：酒店经营环境分析（见表 4-7）。

表 4-7　环境分析

优势	劣势	机会	威胁
基础设施完备，可以满足客户各种不同需要； 管理层执行力较强； 酒店管理经验丰富	基层员工流动性大，招聘难度大； 营销手段单一； 收入构成不合理，主要依靠客房收入	城市中的中高端游客逐年递增； 城市旅游收入呈逐年增加态势； 城市酒店高级管理人才丰富	竞争对手数量逐年增加； 客户对服务质量要求越来越高； 新业务增长点市场压力逐渐增大

第二步：关键成功要素选择（见图 4-24 及表 4-8）。

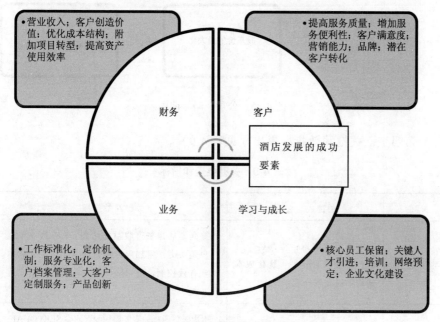

图 4-24　酒店的关键成功要素

表 4-8　酒店成功要素

财务方面	利润的增长主要在于收入的增加和成本控制。客户创造价值的增加、康体项目的转型都会带来新的收入，对酒店资产的使用效率很关键
客户方面	通过客户的视野来看酒店，从质量、服务、成本等几个方面关注客户需求。酒店品牌建设也有利于引入新客户

续表

| 业务方面 | 对客户满意度影响最大的流程在于工作标准化、服务专业化。根据竞争对手的经验，灵活的定价机制和大客户定制服务也可以提高酒店产品的竞争力 |
| 学习与成长方面 | 酒店运营人才是关键，即要留住核心人才，也要加强关键人才的引进，同时注重通过培训不断提高现有员工素质。信息化建设方面，重点在于网络预计系统 |

第三步：公司战略导向图（见图4-25）。

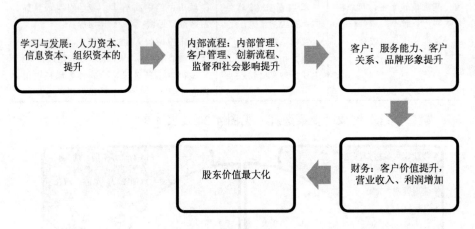

图4-25 公司战略导向图

第四步：关键绩效指标提出（见表4-9）。

表4-9 关键要素和指标

层面	关键成功要素	关键绩效指标
财务层面	增加营业收入；提高客户价值；附加项目转型；优化成本结构；提高资产利用率	提高酒店净资产收益率达到 2%；提高单位客户购买力；附加项目销售达成率；经营成本得到有效控制，费用降低 10%；资产利用率达到 70%
客户层面	提高服务质量；增加服务便利性；客户满意度；营销能力；提高酒店品牌形象；潜在客户转化	引用国际通行的服务质量测评问卷 SERVQUAL；提高服务效率，完善各部门工作量化指标；客户投诉率下降 2%；营销渠道多样化，做好直销和会员体系建设；建立潜在客户数据库，定期、有针对性地策划营销活动；强化品牌认知度，保持品牌忠诚

续表

层面	关键成功要素	关键绩效指标
业务层面	工作标准化；定价机制；服务专业化；客户档案管理；大客户定制服务；产品创新；控制监管程序创新	完善各部门、各岗位工作标准化流程；建立专业化服务标准；采用动态定价机制，将房价与折扣率相结合；开发可定制的产品和服务，推行"客户自助"服务；收集建立客户个性化消费档案系统，运行客户资料分析，建立科学的客户信息服务系统；提升客户体验与价值；提高健康和安全系数，卫生清洁达标率为100%，各系统设施设备维修及时率达100%
学习与成长层面	核心员工保留；关键人才引进；培训；网络预定；企业文化建设	引进本土"国际化"人才，走特色化、专业化道路；降低核心员工流失率；加强酒店培训体系建设，完善培训工作；完善网络预订系统；增强员工的企业意识，建立以绩效为导向的企业文化

2. 关键绩效指标（KPI）

关键绩效指标（KPI），是指通过对企业内部某一流程的输入端、输出端的关键参数进行设置、取样、计算、分析，衡量流程绩效的一种目标式量化管理指标，是把企业的战略目标分解为可运作的远景目标的工具，是企业绩效管理系统的基础。

KPI 分为业绩指标、任务指标、行为指标和能力指标，是对公司绩效可控部分和经营活动的衡量。

确定关键绩效指标的一个重要原则是 SMART 原则，SMART 是 Specific（具体）、Measurable（可度量）、Attainable（可实现）、Relevant（相关性）、Time-based（有时限）5 个英文单词首字母的缩写（见图 4-26 及表 4-10）。

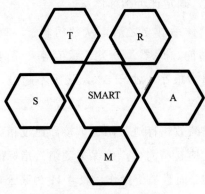

图 4-26　SMART 原则

表 4-10　SMART 原则

S	绩效考核要切中特定的工作指标，不能笼统
M	绩效指标是数量化或者行为化的，验证这些绩效指标的数据或者信息是可以获得的
A	绩效指标在付出努力的情况下可以实现，避免设立过高或过低的目标
R	年度经营目标的设定必须与预算责任单位的职责紧密相关，它是预算管理部门、预算执行部门和公司管理层经过反复分析、研究、协商的结果，必须经过他们的共同认可和承诺
T	注重完成绩效指标的特定期限

KPI 的实施，通常经过以下四个步骤（见图 4-27）。

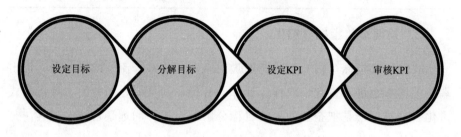

图 4-27　KPI 实施的步骤

第一步，建立企业的战略目标。

第二步，各部门的主管依据企业实际情况和部门职责分工，将战略目标分解为部门级 KPI，并对相应部门的 KPI 进行分解，确定相关的要素目标，分析绩效驱动因素（技术、组织、人），确定实现目标的工作流程，分解出各部门级的 KPI，确定评价指标体系。

第三步，待指标体系确立之后，从部门职责、岗位职责中提取成功关键要素，并通过精简、调整、分类、赋值等一系列措施转化成关键绩效指标，KPI 权重通常最小不小于 5%，最大不超过 30%，权重一般为 5 的倍数。

第四步，对关键绩效指标进行筛选审核，通过相关性分析，剔除不合理指标或重复指标，使其精简化，确保关键绩效指标能够全面、客观地反映被评价对象的绩效，而且易于操作。表 4-11 为某公司技术部关键绩效考核指标。

表 4-11　某公司技术部关键绩效考核指标

序号	KPI 指标	考核周期	指标定义/公式
1	工作目标按计划完成率	年度	实际完成工作量/计划完成工作量×100%
2	技术创新使标准工时降低率	年度	（改进前标准工时-改进后标准工时）/改进前标准工时×100%
3	技术创新使材料消耗降低率	年度	（改进前工序材料消耗-改进后消耗）/改进前工序材料消耗×100%
4	技术改造费用控制率	年度	技术改造发生费用/技术改造费用预算×100%
5	重大技术改进项目完成数	年度	当期完成并通过验收的重大技术改进项目总数
6	技术服务满意度	年度	对技术服务对象进行随机调查的技术服务满意度评分的算数平均值
7	外部学术交流次数	年度	当期进行外部学术交流的次数
8	内部技术培训次数	年度	考核期内进行内部技术培训的次数

3．360 度考核法

360 度考核法又称为全方位考核法，是指员工通过自我评估、上下级评估、客户评估、同事评估，了解各方面的意见，清楚自己的长处和短处，了解其工作绩效，进而达到提高自己，完成工作目标的目的，是一种比较全面、完整的考核方法（见图 4-28）。

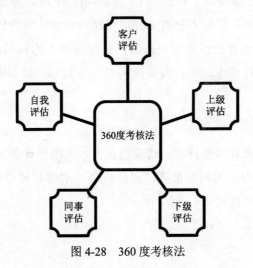

图 4-28　360 度考核法

360 度考核法最大的优点就是全面、完整，打破了由上级考核下属的传统考核制度，避免了传统考核中极容易发生的"光环效应"、"居中趋势"、"偏紧或偏松"、"个人偏见"和"考核盲点"等现象，较为全面地反映出不同考核者对于同一被考核者不同的看法，有利于被考核者从多个方面提升能力，并且这种考核方法提升了员工的参与感，更容易激发员工工作积极性。

但同时，360 度考核法需要动用多人参与考核，会耗费很多时间，带来考核成本增加；由于涉及员工之间的评价，如果某些员工将工作上的问题上升为个人情绪，可能借考核机会"公报私仇"，使其成为发泄私愤的途径；另外，360 度考核法的执行，需要对所有员工进行考核制度培训，实现难度较大。

360 度考核法的实施一般应遵循以下步骤（见图 4-29）。

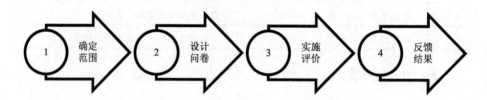

图 4-29　360 度考核法实施步骤

第一步，确定使用范围。

360 度考核法涉及员工自己、上司、同事、下属、顾客等多个考核者，比较全面，但并不是所有考核对象都适用这种方法，只有确定其使用范围，才能将有限的资源在已经确定的范围内发挥出最大的作用，如果公司内部员工之间互相信任程度较低，对彼此的工作不熟悉，最好不要采用 360 度考核法。

第二步，设计考核问卷。

考核部门要设计考核问卷，通常情况下，采用等计量表、开放式问题，或综合以上两种方式的问卷形式；问卷内容一般为与被考核者工作情况密切相关的行为或共性行为。

第三步，实施评价。

企业选择与考核对象有联系的人作为评价者，一般情况下，采用匿名评价方式。

第四步，结果反馈。

在考核完成以后，综合不同评价结果，企业管理部门应该及时提供结果反馈，包括就评价的公正性、完整性和准确性向评价者提供反馈，指出他们在评价过程中所犯的错误，以帮助他们提高评价技能；向被考核者提供反馈，帮助他们找出不足之处并分析原因，提供改进方法，提高职业能力水平。

360度考核法的实施，要注意以下几个事项。

（1）考核表的设计及考核者范围界定要合理。应该让熟悉情况的人，而不是所有的人都来参与考评。

（2）避免让考核者对考核指标进行笼统的评价，而是应该给出具体的操作性定义，可以是对考核指标的含义的描述，也可以是对相关行为的频率的规定，总之，目的在于引导所有的考核者按照同样的标准进行评价。

（3）应该根据每个层级考核者的特定观察视角，合理安排不同层级的考核者对被考核者的不同指标进行评价，而不是搞"一刀切"；即使从便捷的角度考虑，不同层级的考核者使用了相同的考核表，也应根据"熟悉者才有发言权"的原则，合理设计权重。

（4）为防止考评标准流于形式，事先有必要对考核者进行培训，确保大家对于考核标准达成共识。如果条件允许，可以聘请第三方咨询机构，通过访谈或开放式问卷的方式收集信息，再以客观的标准，对收集到的信息进行统一编码，形成对被考核者的评价。

（5）尽量统一指导。由于360度考核涉及人员面非常广，在信息收集阶段常常需要不同的组织者组织多个场次的现场考核才能完成，这就涉及考核过程的一致性的问题，应该尽量统一指导，避免临时更换组织者或者随意更改组织计划。

表 4-12　员工 360 度绩效考核表范本

单位名称：		

被评价者姓名：	部门：	职务：
评价者姓名：	部门：	职务：

评价区间：　　年　　月　　至　　　　年　　月

评价尺度及分数：杰出（4 分）　优秀（3 分）　良好（2 分）　一般（1 分）　较差（0 分）
极差（－1 分）

评价项目		评价得分				权重	备注
		上级评价	同事评价	下级评价	自我评价		
个人素质（15 分）	品德修养					％	
	个人仪容仪表					％	
	坚持真理，实事求是					％	
	意志坚定，不骄不躁					％	
	谦虚谨慎，勤奋好学					％	
工作态度（15 分）	热情度					％	
	信用度					％	
	责任感					％	
	纪律性					％	
	团队协作精神					％	
专业知识（20 分）	专业业务知识					％	
	相关专业知识					％	
	外语知识					％	
	计算机应用知识					％	
	获取新知识					％	
工作能力（20 分）	文字表达能力					％	
	逻辑思维能力					％	
	指导辅导能力					％	

续表

评价项目		评价得分				权重	备注
		上级评价	同事评价	下级评价	自我评价		
	人际交往能力					%	
	组织、管理与协调能力					%	
工作业绩（30 分）	工作目标的达成					%	
	工作效率					%	
	工作质量					%	
	工作创新效能					%	
	工作成本控制					%	
分数合计						100%	
工作表现综合评价							
优势及劣势项目分析	优势分析						
	劣势分析						
项目的建议与训练	有待提高技能						
	参加培训项目						
工作预期	明年目标						
	预期表现						

4.8 股权激励机制

股权激励是一个动态的长效激励过程，涉及进入、变更、退出机制，完善各机制，才能保证激励计划的完整执行。

4.8.1 把握股权激励的进入时机

进入时机，也就是推行股权激励计划的时机，建议把握以下五个时机（见图 4-30）。

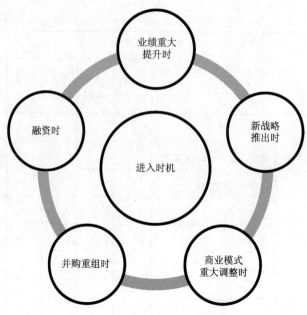

图 4-30　股权激励进入的 5 个时机

1．融资时

当企业有融资需求时，无论是引入风险投资者、财务投资者，还是谋求企业上市、挂牌，如果配合实施股权激励计划，有助于目标达成。

2．并购重组时

企业在并购重组时，往往涉及重大人事调整及股权机构变更，很容易引发员工的不安和不满情绪，实施股权激励计划，可以消除新进股东和创业元老之间因重组而出现的矛盾。

3．商业模式重大调整时

在公司的商业模式出现重大创新的时候，股权激励是留住人才、激励人才和吸引人才的有效手段。

4．新战略推出时

公司新的发展战略计划推出后，为了提高员工的工作积极性和能动性，鼓励他们为了公司未来的战略目标实现而努力工作，有必要实施股权激励计划，将公司的利益和激励对象的利益长期捆绑在一起。

5．业绩重大提升时

公司业绩有重大提升或有其他重大利好消息时，趁热打铁推出股权激励计划，鼓励员工一鼓作气攀上新的高峰，实现更高目标。

4.8.2　股权激励的退出机制

激励对象获授的公司的股份只有能退出才能实现价值，合理的退出机制不但能解决公司股份流动性问题，也能保证股权激励发挥最大激励效果。

退出机制分为主动退出机制和被动退出机制（见图 4-31）。

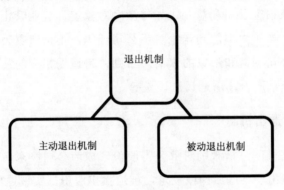

图 4-31　股权激励退出机制

1．主动退出机制

主动退出机制是指通过某种方式获得公司股份的激励对象参与行权，成为公司真正股东之后，自己主动卖出股份，获得收益的一种制度安排。

对于非上市公司而言，由于股份无法在二级市场流通，股东只能通过回购或转让而退出（见图 4-32）。

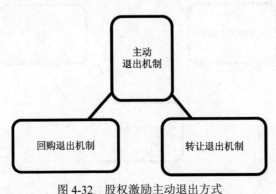

图 4-32　股权激励主动退出方式

公司可以在股权激励计划中设计股份回购条款，约定股份回购的价格计算方式，让激励对象在股权激励过程中获得实实在在的收益，树立标杆，传达激励效果，使员工对公司的股权激励计划产生认同感，激发后期的激励对象更加努力。

另外，股份转让也是主动退出的一种方式，出于对控制权的考虑，公司在设计退出机制时，应该把公司大股东、创始人的优先回购权写入其中，防止激励对象将股份卖给别人，导致公司控制权旁落。

需要注意的是，主动退出机制的设计应该辅以相应的约束条款，避免股权激励对象损害公司利益。比如与激励对象签订竞业禁止协议，一旦股东离职退出，半年内不能到竞争对手公司任职，不得泄露公司机密，不得参与有损害公司利益和形象的事情。否则，将遭受相应的惩罚，情节严重的甚至没收全部股份，遭遇司法诉讼等。

2. 被动退出机制

被动退出机制是指激励对象获得股份，成为公司股东后，虽然自身不愿意退出，但由于某些原因或规定，被迫卖出股份，实现退出的机制。

常见的情况有：激励对象发生职务变更、降职、离职、考核不合格、死亡、退休等情形（见图4-33）。

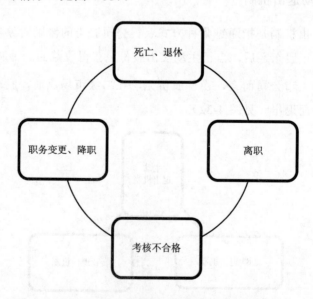

图4-33　股权激励计划的被动退出情形

（1）职务变更、降职

激励对象因个人原因不能胜任工作岗位，或因触犯法律、违反职业道德、泄露公司机密，失职、渎职等严重损害公司利益及声誉的行为而导致的职务变更，经公司董事会提名、薪酬与考核委员会批准并报公司董事会备案，可以取消或削减激励对象尚未行权的股权激励标的。

（2）离职

激励对象因触犯法律、违反职业道德、泄露公司机密、失职或渎职等行为严重损害公司利益或声誉而被公司解聘的，经公司董事会提名、薪酬与考核委员会批准并报公司董事会备案，可以自离职之日起取消所有尚未行权的股权激励标的；激励对象因个人原因辞职的，可以自离职之日起取消所有尚未行权的股权激励标的。

（3）考核不合格

激励对象未通过考核的，可以自考核之日起取消所有尚未行权的股权激励标的。

（4）丧失劳动能力

激励对象因执行职务负伤而导致其丧失劳动能力的，其所获授的股权激励标的不做变更，仍可按规定执行。

（5）退休

激励对象因退休而离职的，其获授的股权激励标的当年已达到可行使时间限制和业绩考核条件的，可行使的部分可在离职之日起的 6 个月内行使；尚未达到可行使时间限制和业绩考核条件的，不再行使。

对于可以继续发挥余热的退休人员，公司可以设计金色降落伞，让其充当公司顾问，继续献言献策。比如约定股权激励对象退休后，可以仍然持有公司股份两年。两年后，如果公司上市，激励对象可以自由套现退出，也可以选择继续持有；如果没有上市，公司溢价回购激励对象股份。

（6）死亡

激励对象死亡、被宣告死亡或被宣告失踪的，自死亡之日或宣告死亡、失踪之日起所有尚未行权的股权激励标的即被取消。但因执行公务死亡的，公司应该视情况根据激励对象被取消的股权激励标的价值对激励对象进行合理补偿，由其继承人继承。

4.9 岗位分红权

4.9.1 岗位分红权的特点

岗位分红权模式是指对公司关键岗位的员工授予一定数量的公司股份或者为其在公司内部记账为一定数量的虚拟股份，该激励对象在这一岗位上任职期间可以享受该股份对应的分红权。

岗位分红权具有以下几个特点：

（1）岗位分红股不需要购买，激励对象在特定岗位时拥有，离开该岗位时自动失去，由继任者享有。

（2）岗位分红权适用于岗位职责划分明确、岗位序列清晰、业绩考核规范的大中型公司。公司在确定具体授予标准时，应该按照岗位对公司长期战略规划的重要性和贡献，分别确定不同岗位的授予股份数额和分红标准。

（3）岗位分红股既可以是实股，也可以是虚拟记账股份，使用哪种形式要依据公司的具体经营情况及岗位薪资水平。如果是实股，由公司股东提供。

（4）公司可以对岗位分红权激励设定实施条件和业绩考核办法，并约定分红收益的扣减或者暂缓、停止分红激励、退还股权的情形及具体办法，以实现激励与约束的统一，经营者参分享利润的同时又要承担风险，从而勤勉尽责地为公司的长期发展服务。

4.9.2 岗位分红权计算方式

岗位分红权的计算方式应结合公司自身的情况。比如某公司的岗位分红权计算方式，其具体表现如下：

自实施之日起，激励对象所享有的股份分红范围是该年度所实现的税后利润增长部分，扣除 40%作为公司发展留存之外，按照激励对象所享受的股份数量的百分进行分红（见图 4-34）。

虚拟股权每股现金价值＝当年参与分配的分红基金规模÷实际参与分红的虚拟股权总数。

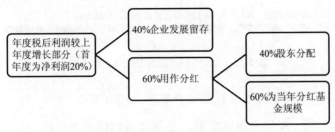

图 4-34 某公司具体分红方式

1. 激励对象在取得股份两年内兑现权益金额的方式：在岗位服务第一年，年终股份金额兑现 60%，余下 40% 记入激励对象权益金额个人账户内，未兑现的权益按照每年 5% 利息记入个人账户。在岗位服务第二天，年终股份分红金额兑现 80%，余下 20% 记入权益金额个人账户内，未兑现的权益按照每年 5% 计算利息记入个人账户。

2. 激励对象在取得股份满两年后兑现权益金额方式：当年权益金额已兑现 100% 的，从第三年开始，前两年服务期间内个人账户历年累积的激励权益金额每年兑现 50%，两年兑现完毕后，未兑现的权益每年按照 5% 的利息记入个人账户。

3. 在岗位工作满 4 年后，虚拟激励股份转化为实股，激励对象拥有完整的激励股份的股权，经公司监事会同意后，激励对象以双方协议价格购买股权。

4.9.3 激励股份分红调整情况

出现以下情况的，公司需对激励对象所持有的激励股份分红方式进行调整：

第一，激励对象职务发生变更，按照相应的职务岗位变动激励分红股份数量，但是已经记入个人账户的权益金额保持不变。

第二，如果激励对象因无法完成岗位要求调至非激励岗位，其股权激励权益兑现方法如下：（见图 4-35）：

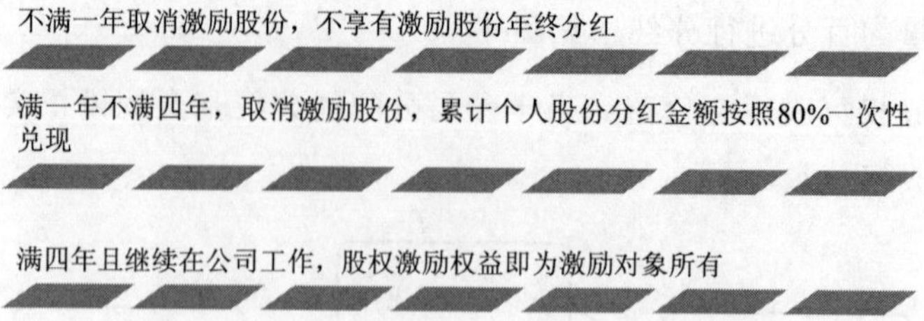

不满一年取消激励股份，不享有激励股份年终分红

满一年不满四年，取消激励股份，累计个人股份分红金额按照80%一次性兑现

满四年且继续在公司工作，股权激励权益即为激励对象所有

图 4-35　调动到非激励岗位的处理方式

第三，员工离职时的股权激励分红额兑现方式：

（1）不满一年取消激励股份，不享有激励股份年终分

（2）满一年不满四年的，取消激励股份，累计个人权益金额按照 50% 一次性兑现。

（3）满四年的，因激励对象已拥有实股，每年兑现股份分红。

第 5 章

股权激励与众筹融资

股权激励不仅可以实现对人才的整合，更是企业用来进行融资的法宝，以股权为纽带，以众筹为模式，可以快速实现"筹钱"的目的。例如，诚记餐饮管理有限公司于 2015 年 6 月 12 日在人人投成功融资 173 万元；晟和牛肉文乐松店于 2015 年 5 月 31 日在人人投成功融资 95 万元； 知名的VR 硬件生产商 Oculus 曾于 2012 年登陆美国众筹网站 kickstarter，总共筹资近 250 万美元，获得了创业资本。

5.1　股权众筹的主体

众筹一词源于国外 crowdfunding，顾名思义，就是利用众人的力量，集中大家的资金、能力和渠道，为个人或某项活动等提供必要的资金援助。股权众筹是指公司以出让股权的方式向大众筹资，获取发展所需的资金。具有门槛低、解决企业融资难、依靠大众的力量带动社会经济良好发展的特点。

股权众筹模的参与主体有筹资人、出资人、众筹平台、托管人（见图 5-1）。2014 年 12 月，国家发布了《私募股权众筹融资管理办法（试行）》征求意见稿，对股权众筹主体做了详尽规定。

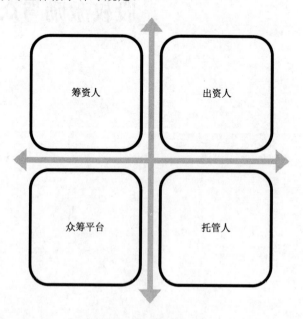

图 5-1　股权众筹主体

1．筹资人

筹资人通常是指融资过程中需要资金的中小微企业或其发起人，他们通过众筹平台发布企业或项目融资信息及可出让的股权比例。

根据《私募股权众筹融资管理办法（试行）》第三章规定，筹资人需符合以下条件

第十条 【实名注册】融资者和投资者应当为股权众筹平台核实的实名注册用户。

第十一条 【融资者范围及职责】融资者应当为中小微企业或其发起人，并履行下列职责：

（一）向股权众筹平台提供真实、准确和完整的用户信息；

（二）保证融资项目真实、合法；

（三）发布真实、准确的融资信息；

（四）按约定向投资者如实报告影响或可能影响投资者权益的重大信息；

（五）证券业协会规定和融资协议约定的其他职责。

第十二条 【发行方式及范围】融资者不得公开或采用变相公开方式发行证券，不得向不特定对象发行证券。融资完成后，融资者或融资者发起设立的融资企业的股东人数累计不得超过 200 人。法律法规另有规定的，从其规定。

第十三条 【禁止行为】融资者不得有下列行为：

（一）欺诈发行；

（二）向投资者承诺投资本金不受损失或者承诺最低收益；

（三）同一时间通过两个或两个以上的股权众筹平台就同一融资项目进行融资，在股权众筹平台以外的公开场所发布融资信息；

（四）法律法规和证券业协会规定禁止的其他行为。

2．出资人

出资人往往是普通大众，他们通过互联网了解各种投资项目，并对自己觉得有价值的创业企业或项目进行小额投资，待筹资成功后，出资人获得创业企业或项目一定比例的股权。

根据根据《私募股权众筹融资管理办法（试行）》第三章规定出资人需符合以下条件

第十四条 【投资者范围】私募股权众筹融资的投资者是指符合下列条件之一的单位或个人：

（一）《私募投资基金监督管理暂行办法》规定的合格投资者；

（二）投资单个融资项目的最低金额不低于 100 万元人民币的单位或个人；

（三）社会保障基金、企业年金等养老基金，慈善基金等社会公益基金，以及依法设立并在中国证券投资基金业协会备案的投资计划；

（四）净资产不低于 1000 万元人民币的单位；

（五）金融资产不低于 300 万元人民币或最近三年个人年均收入不低于 50 万元人民币的个人。上述个人除能提供相关财产、收入证明外，还应当能辨识、判断和承担相应投资风险；

本项所称金融资产包括银行存款、股票、债券、基金份额、资产管理计划、银行理财产品、信托计划、保险产品、期货权益等。

（六）证券业协会规定的其他投资者。

第十五条 【投资者职责】投资者应当履行下列职责：

（一）向股权众筹平台提供真实、准确和完整的身份信息、财产、收入证明等信息；

（二）保证投资资金来源合法；

（三）主动了解众筹项目投资风险，并确认其具有相应的风险认知和承受能力；

（四）自行承担可能产生的投资损失；

（五）证券业协会规定和融资协议约定的其他职责。

3. 众筹平台

股权众筹平台是指通过互联网平台（互联网网站或其他类似电子媒介）为股权众筹投融资双方提供信息发布、需求对接、协助资金划转等相关服务的中介机构。

根据根据《私募股权众筹融资管理办法（试行）》第二章规定，众筹平台需符合以下条件：

第五条 【平台定义】股权众筹平台是指通过互联网平台（互联网网站或其他类似电子媒介）为股权众筹投融资双方提供信息发布、需求对接、协助资金划转等相关服务的中介机构。

第六条 【备案登记】股权众筹平台应当在证券业协会备案登记，并申请成为证券业协会会员。

证券业协会为股权众筹平台办理备案登记不构成对股权众筹平台内控水平、持续合规情况的认可，不作为对客户资金安全的保证。

第七条 【平台准入】股权众筹平台应当具备下列条件：

（一）在中华人民共和国境内依法设立的公司或合伙企业；

（二）净资产不低于 500 万元人民币；

（三）有与开展私募股权众筹融资相适应的专业人员，具有 3 年以上金融或者信息技术行业从业经历的高级管理人员不少于 2 人；

（四）有合法的互联网平台及其他技术设施；

（五）有完善的业务管理制度；

（六）证券业协会规定的其他条件。

第八条 【平台职责】股权众筹平台应当履行下列职责：

（一）勤勉尽责，督促投融资双方依法合规开展众筹融资活动、履行约定义务；

（二）对投融资双方进行实名认证，对用户信息的真实性进行必要审核；

（三）对融资项目的合法性进行必要审核；

（四）采取措施防范欺诈行为，发现欺诈行为或其他损害投资者利益的情形，及时公告并终止相关众筹活动；

（五）对募集期资金设立专户管理，证券业协会另有规定的，从其规定；

（六）对投融资双方的信息、融资记录及投资者适当性管理等信息及其他相关资料进行妥善保管，保管期限不得少于 10 年；

（七）持续开展众筹融资知识普及和风险教育活动，并与投资者签订投资风险揭示书，确保投资者充分知悉投资风险；

（八）按照证券业协会的要求报送股权众筹融资业务信息；

（九）保守商业秘密和客户隐私，非因法定原因不得泄露融资者和投资者相关信息；

（十）配合相关部门开展反洗钱工作；

（十一）证券业协会规定的其他职责。

第九条 【禁止行为】股权众筹平台不得有下列行为：

（一）通过本机构互联网平台为自身或关联方融资；

（二）对众筹项目提供对外担保或进行股权代持；

（三）提供股权或其他形式的有价证券的转让服务；

（四）利用平台自身优势获取投资机会或误导投资者；

（五）向非实名注册用户宣传或推介融资项目；

（六）从事证券承销、投资顾问、资产管理等证券经营机构业务，具有相关业务资格的证券经营机构除外；

（七）兼营个体网络借贷（即 P2P 网络借贷）或网络小额贷款业务；

（八）采用恶意诋毁、贬损同行等不正当竞争手段；

（九）法律法规和证券业协会规定禁止的其他行为。

4．托管人

托管人是指众筹平台为保证各出资人的资金安全，监督出资人将资金切实用于创业企业或项目，以及筹资不成功时及时返回而选定的履行资金托管职责的人或法人，一般由专门银行担任。

5.2 选择合适的股权众筹平台

股权众筹模式进入中国已经有一段时间了，它从开始的不为人知到逐渐进入大众视野，为解决中小企业融资难的问题发挥了重要作用。

2016 年，众筹行业引来井喷式发展，国内的股权众筹平台、众筹网站如雨后春笋般不断涌现，众筹网站成百上千，参差不齐，面对各色各异的股权众筹平台，到底该如何选择呢？

选择股权众筹平台，我们要把握以下几个原则（见图 5-2）。

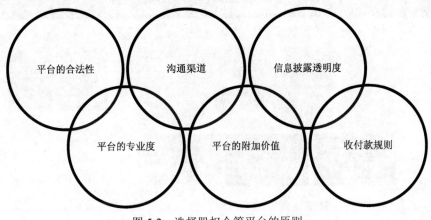

图 5-2　选择股权众筹平台的原则

1．平台的合法性

股权众筹与网贷行业类似，本身就具有法律风险，因此，一个平台是否合法合规，是企业决定是否在其平台众筹的基础。企业可以从工商局、工信部、基金协会查询网站是否具备相关资质，相关业务是否正规、合法，是否有 ICP 证书；如果涉及私募基金业务，是否进行私募基金登记备案，是否具备私募基金管理人资质，是否有资格参与私募基金的管理与销售。

2．平台的专业度

众筹平台拥有专业化的管理团队、股权交易协作能力和投资团队的协调机制，能全面了解和掌握项目情况，从而确保信息的准确传递，迅速而有效地将合作企业的需求传递给投资者。

企业可以从团队背景、股东方主营业务与股权交易的协作能力、影响力、业务规模和网站流量、荣誉资质等方面进行考察。

例如，依托京东商城在消费电子产品领域的知名度及专业性，京东股权众筹平台天然拥有智能硬件产品众筹的优势；36 氪具有科技媒体属性（见图 5-3），聚集了百万 IT 读者，同时 36 氪还发展 FA 业务，因此在具有丰富的互联网人际关系资源；天使客是专注于 TMT 领域主打"精品路线"的股权众筹平台（见图 5-4），具有较强的专业机构背景，德迅投资创始人、腾讯创始人之一的曾李青，经纬创投创始人张颖及架桥资本是其大股东，投资者的鉴别成本较低。

图 5-3　36 氪官网

图 5-4　天使客网站

3．沟通渠道

股权众筹平台能够为合作企业提供所需资金来源，同时也是信息生成和交互的平台，可以为投资人全面了解项目及投融双方的顺畅沟通提供重要保证，因此企业有必要关注平台的沟通渠道，如果沟通渠道狭窄，信息传递不够全面，后续投资人很容易与创业者因信息不对称而产生纠纷。

比如论坛，邮件、圈子、微信、电话沟通甚至线下见面等，都是沟通渠道，方便投融双方加深了解。以论坛为例，它可以更好地沉淀投资人，也为投资人获取更多信息提供通道，投资人之间的信息交换和认知传导，有助于众筹成功率的提高。

4．信息披露透明度

信息披露透明程度由五部分组成，包括分类明细、动态更新、项目表达、平台表达、项目信息。具体来说，就是前期项目上线的信息披露，包括商业计划书、市场分析报告、股权结构、融资目的及实施细则，以及投资者认购完成后，平台方是否有详细的信息披露跟进，比如季度报告或半年度报告披露、新的融资动态、管理架构及重大人事变动等，如果平台方能及时、透明地向融资方披露相关信息，将有助于融资方针对不同情形调整融资策略，提高众筹成功率。

5．平台的附加价值

仅仅只能提供融资服务的股权众筹平台遍地都是，所以我们要着重考察平台所能提供的附加服务，如方案优化、项目推广、渠道对接、零售宣传、吸引资本、退出支持等。例如天使汇的闪投（见图 5-5），上午路演的项目，经过下午和投资人一对一的密谈之后，傍晚就能签订投资意向书；壹百倍加速器是投资者同时面对 16 位天使投资人宣传自己的项目，成功之后当场就可获得 50 万～300 万元的投资资金，并且还会获得投资人为期 100 天的项目指导；天使汇大屏幕是天使汇联合深交所、中关村打造的为创业者提供的户外传播媒体，在黄金地段为创业者提供展示自己的机会。

图 5-5　天使汇网站

6．收付款规则

现在国内的众筹平台是遍地开花，难免鱼龙混杂，如果平台在众筹成功后迟迟不将资金划拨到筹资人账户，对筹资人来说，也只能是投诉无门。因此，有必要在众筹项目发布前，详细了解平台的收付款规则、账户资金划转、资金监管等功能，考察平台是否有著名的机构或者投资人作为这个平台的股东或者顾问来对平台进行背书，对公司名称、办公地址和联系电话等信息的真伪和可靠性进行调查，特别要注意平台资金存管是否有合规的重要指标，是否自设资金池或者进行自融。

例如，京东众筹的付款规则为：项目筹资成功后，京东众筹在确认收款信息无误后3个工作日内，将募集总金额扣除3%平台服务费后的余款项70%交付给发起人，并将预留余下的30%作为确保项目成功并保证支持者获得回报的保证金，在项目成功无纠纷且所有支持者得到承诺回报的情况下，京东将这部分款项交付给发起人。

5.3 众筹融资运作流程

股权众筹的运作流程一般如下（见图5-6）。

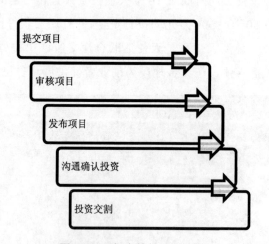

图 5-6　股权众筹的运作流程

第一步，创业企业或项目发起人选择合适的股权众筹平台，向平台申请股权众筹服务，并签订合作协议，提交项目策划或商业计划书，并设定拟筹资金额、可让渡的股权比例及筹款的截止日期。

第二步，股权众筹平台对筹资人提交的项目策划或商业计划书进行审核，审核范围包括资料的真实性、完整性、可执行性、风险性、商业模式以及投资价值，并提出反馈意见，必要时要求发起人补充相关材料。

第三步，众筹平台审核通过后，在网络上发布相应的项目信息和融资信息。

第四步，投资人对众筹平台的众多项目进行筛选，发现有价值的项目并和企业进行前期沟通，如果觉得可行，投资人可以对企业进行调查考察，并与创业企业签署《投资意向书》、拟定投资条款、确定自身投资额度并拟写投资建议书。

第五步，目标期限截止，筹资成功的，平台按照收付款规则将筹集金额拨付筹资人，出资人与筹资人签订正式《投资协议书》，并开始实施后续投后管理，包括发展战略规划、企业制度建立、市场运营等；筹资不成功的，资金退回各出资人。

我们以京东众筹为例来讲述股权众筹的操作流程（见图 5-7）。

图 5-7　京东众筹页面

京东众筹的操作流程大致如下（见图 5-8）：

需要注意的是，在京东众筹平台发起项目，应当符合下面规定：

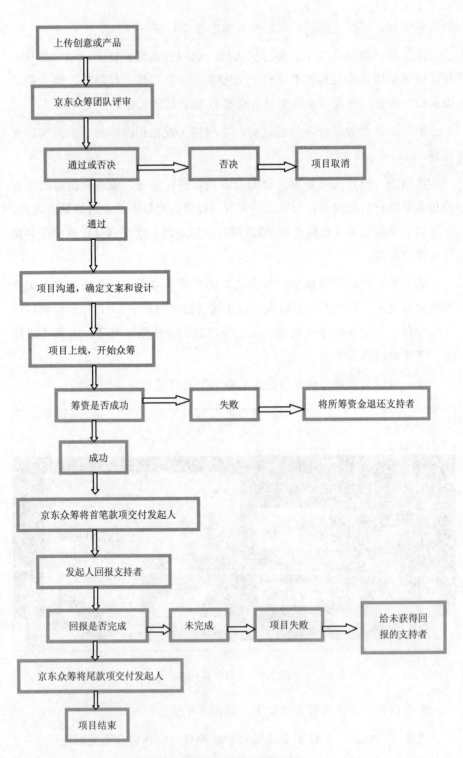

图 5-8　京东众筹的操作流程

（1）在京东众筹平台上发起的项目应为具有创新性质且具有可执行性的项目，且项目目标须是明确、具体、可衡量的，如制作一个实物产品、拍一部微电影或完成一件艺术创作等；

（2）项目的内容必须包含"我想要做什么事情"、"项目风险"、"项目回报"、"为什么需要支持"等信息；

（3）项目内容及发起人上传的相关项目信息（包含但不限于文字、图片、视频等）须为发起人原创，如非发起人原创，则发起人应已获得权利人的相应授权，且权利人允许发起人转授权给京东及京东的关联公司在京东网站及京东关联公司的其他官方网站及线下媒体出于宣传京东众筹平台的目的而进行永久地免费宣传、推广、使用；

（4）项目中不允许对已经完成生产的商品进行销售，公益相关项目除外；

（5）不允许在无实质项目内容的情况下纯粹为公益组织发起募捐或以发起类似"资助奖学金"、"资助我去旅游"等为满足发起人个人需求之目的的筹款；

（6）项目内容须符合法律法规及京东网站的相关规定；京东众筹平台有权对项目提出特殊要求；

（7）以下项目内容或相关项目信息不允许发布：

① 违反国家法律规定的违禁品，如毒品、枪支弹药及管制刀具等相关内容和信息；

② 色情、赌博、暴力、恐怖、反动、政治与宗教相关内容和信息；

③ 彩票、抽奖等相关内容和信息；

④ 开办公司、网站、店铺等相关内容和信息；

⑤ 其他国家法律规定和京东网站规定的禁限售等违禁品信息。

（8）京东众筹平台对项目的审核仅针对项目的合理性、项目内容与回报的匹配度等进行审核，发起人应保证发起的项目内容合法，且不侵犯他人合法权益。

（9）项目的排他性，项目在京东众筹平台募集期内及项目众筹成功后1个月内不得在其他任意平台进行销售或发起众筹。项目仍在募集期内，发起人在其他任意平台进行销售或发起众筹的，则京东有权对项目强行下架，并追究违约责任。若在项目众筹成功后 1 个月内，发起人在其他任意平台进行销售或发起众筹的，发起人应向京东支付项目在京东众筹平台募集资金总额扣除3%平台服务费后金额的20%，最高不超过5万元的违约金。

众筹执行过程中，项目发起人需要完成以下事项：

（1）在后台提交项目，所有文字、图片、视频制作等信息资料；

（2）项目成功后，产品类众筹需按照《京东众筹回报服务协议》承担对支持者的实物回报物流处理；

（3）如支持者要求开具发票，需由项目发起方给支持者开具相应的发票；

（4）项目募集期，需自动维护相应项目话题区，即使是答疑解惑；

（5）需承担相应的售后工作，由京东众筹监督完成；

（6）保证项目在京东众筹的募集期间不在其他线上或线下渠道销售或进行众筹。

京东重筹平台为项目发起人提供设计指导、众筹方案指导、京东资源推广、交易平台提供等服务。

5.4　众筹成功的几大技巧

股权众筹具有门槛低、多样性、依靠大众力量、注重创意的特征，相比传统的融资方式更为开放，能否获得资金也不再是由项目是否具有商业价值作为唯一标准，企业家可以从以下几个方面入手，获得创业项目启动的第一笔资金。

5.4.1　讲一个有意义的故事

吸引大众注意力是众筹成功的基础，因此，有必要运用高超的讲故事技巧，讲述一个有意义的故事，博得大众喜爱。

有意义的故事要满足以下5点：

（1）故事结构严谨，环环相扣；

（2）满足需要或愿望；

（3）关注为什么，而不是什么；

（4）把故事与自己联系起来；

（5）使用正确的词语。

我们来看一下小丑超声波儿童牙刷是如何地讲一个有意义故事并顺利完成筹资的（见图 5-9）。

图 5-9　小丑超声波儿童牙刷京东众筹页面

为什么众筹？

刷牙，这样一个简单的行为，已经是人类生活必不可缺的一部分，但没有多少人知道，发明牙刷的是我们中国人。

1498 年，明孝宗把短硬的猪鬃毛插进一支骨制手把上，就这样，历史上第一把牙刷诞生了！

听起来像个笑话，但是，有些伟大的"科学玩笑"可以改变世界！

一个国家民众口腔的健康状况，直接反映了这个国家的发达程度。

一群喊着要解决世人口腔问题的年轻人，闷头苦干，经历一次又一次的挫败，就为了颠覆传统意义上的刷牙方式，给世人再开一个伟大的"科学玩笑"！

抱歉，这次我们真的不是开玩笑！

今天，我们要郑重地向世人宣布：牙刷 4.0 的时代已经到来！

这次众筹，我们首次推出"小丑超声波儿童牙刷"，小丑——Q1。

这是专门针对儿童这群"刷牙困难户"，悉心打造的一款简单易用、洁护一体，且可以不用牙膏的防蛀牙刷。

希望可以解决儿童不爱刷牙、不爱刷牙及吞咽牙膏等长期困扰家长的问题。

还孩子一个纯真的笑容！

孩子是我们的未来，请和我们一起，守护一个美好的未来！

你知道吗？

80%的3~6岁儿童，蛀牙的原因是刷牙不干净。

我们刷过牙，牙齿就干净了？

然而，并没有！

我们以为力度越大、频次越高，清洁就能更彻底？

其实，是在进一步伤害牙齿！

不会刷牙？不爱刷牙？吞咽牙膏？

小丑——Q1横空出世

为您解决烦恼！

打破600多年的摩擦式洁牙方式，来自未来的口腔洁护仪器。

（1）无损清洁

神奇的"空化效应"瞬间将口腔中的液体分解为无数纳米级超微气泡，来充当消除各种口腔顽渍的"清洁员"，从而可以不依靠摩擦清洁口腔，保护宝宝娇嫩的牙釉质。

（2）深层去污

小丑——Q1发出的超声波，可以深入牙龈下12mm，因此即使不用牙膏，也能够瓦解顽固污渍和细菌。

（3）全面呵护

合理的超声波频率按摩牙龈，激活口腔微循环，增加血液流量，全面确保口腔健康。

（4）真正的超声波

96 000 000次/分，快到让你听不到的频率。

九克护齿小贴士：传统的摩擦式洁牙（如：手动牙刷、电动牙刷、声波牙刷）只能对刷毛接触到的牙齿表面进行清洁，而无法对口腔深处及牙缝等"死角"进行彻底地深层清洁，并且不恰当的刷牙姿势及过大力度的摩擦，还会伤及牙龈和牙釉质，加重口腔问题，适得其反。

小丑超声波儿童牙刷所讲的这个故事，可谓是十分出彩。由古代到现代，由痛点到解决方法，由反及正，层层递进，环环相扣，突出亮点；并关注家长困扰的问题，关注孩子的健康，即煽情又有说服力，容易打动人心。

5.4.2 提供创意奖励吸引人

设计众筹项目时，提供一些具有创意的奖品，或者专属的体验，会更加吸引人。比如，想写一本书，可以推出一个"与作者共进晚餐"的奖励计划；想开发一个应用程序，可以将贡献最大的支持者作为用户头像；想设计一款产品，可以为支持者附赠限量款礼物。

需要注意的是，好的奖励应该是排他性的、稀缺的、真正只属于你这个活动的。具体来说，筹资者应该根据众筹产品或项目面对的社群属性，设置一个质优价低、显而易见的奖励方式，吸引大众参与。鉴于 62% 的成功的众筹活动拥有重复的资助者，一旦他们参与进来了，你增加的一套奖励方式，将有希望再次向他们筹款。

例如，在淘宝众筹的"东方普罗旺斯 薰衣草主题香旅典范之作"，提供了不同档位的奖励活动（见图 5-10）：特别回报，9.9 元香薰蜡烛 1 份；冲百万活动回报，68 元伊帕尔汗简约香薰套装 1 份；释压档，98 元伊帕尔汗家庭香薰套装一份；浪漫档，298 元伊帕尔汗浪漫套装 1 份。用户获得奖励需要支付的金钱较少，容易被大众接受，本身具有浪漫情调和神秘色彩的香薰蜡烛，再配上温馨的文字，很容易触动用户心弦。

图 5-10 东方普罗旺斯薰衣草主题香旅典范之作众筹页面

5.4.3 准备为先

《孙子兵法》"军行篇"中有云：胜兵先胜而后求战，败兵先战而后求胜。意思是说，胜利之师是先具备必胜的条件然后再交战，失败之师总是先同敌人交战，然后希望从苦战中侥幸取胜。更通俗一点讲，就是胜利之师不打无准备之仗。

用在股权众筹中，就是要提前做好准备：努力收集一切渠道的信息，充分评估社群属性，了解当下态势，然后在脑海里推测、模拟各种可能的走势，利用现存资源来精心筹划出解决方案。只有将这些前期工作准备就绪，才能将一切了然于心，踏上"战场"才会有胜算。

例如，山西陵川奇珍异果农业科技公司生产的薯粉、薯条类产品，尽管物美价廉但销路不好，团队经过调研后发现主要是品牌辨识度过低，因此，在众筹前对其进行了重新包装，推出"薯一薯二"的品牌战略，同时做出产品众筹和股权众筹双管齐下的策略，一方面以股权众筹600万元用于扩大生产；另一方面以产品众筹促进销量，最终喜获丰收，于2015年7月成功在上海股权托管交易中心挂牌上市。

由此可见，如果能在众筹前精心准备，把众筹的大部分工作提前在头脑里完成，胜利的天平最终将会向你倾斜。

5.4.4 清晰为王

对产品或服务及它们的运作方式做出清晰地描述，保证投资人可以快速、轻松理解你的产品和业务，是众筹的最基本要求。试想一下，如果投资人看到的是一大堆模糊不清的语句，连理解都困难，怎么可能获得他们的投资呢？

例如，2017年11月22日，不到1天就在众筹之家众筹成功的《那些年的我们》"，对其项目介绍就非常清晰，特别是在收益模式方面（见图5-11）：

图 5-11 《那些年的我们》众筹

1. 网络票房分成

（1）独家发行：独家发行是指将信息网络播放权授权给某一特定的视频网站，作为影片的独家网络播放平台。针对独家发行的影片，主要有两种收入方式，一种是获得较高比例的单次点击票房分成（2 元～3.5 元不等），另一种是由平台独家一次性买断。

（2）全网发行：全网发行是指将信息网络播放权授权给多家视频网站，作为影片的网络播放平台。针对全网发行的影片，各平台通常按照 0.5 元～1.5 元／有效点击进行票房分成。

2. 移动运营商收入

移动运营商收入是指本剧在中国移动、中国电信、中国联通等移动运营商平台发行，所获得的收入扣除渠道成本后的收益。

3. 电视版权收益

电视版权收益是指针对通过广电总局审批获得电影公映许可证的网络大电影销售给电视台等所获得的收益，一般可获得不少于 50 万元的版权收益，若影片在网络上获得较高点击量的情况下，可能获得更高的版权收益。

4．其他版权收益

其他版权收益是指除上述收入以外的其他一切与本剧相关的衍生产品及版权收入（包括但不限于：衍生产品开发收入，音像制品收入、航空/船舶/ 车辆/酒店等公共场所发行收入等。

将受益模式的各个来源表述得清清楚楚，不存在模糊词语，投资人容易理解，也提高了投资信心。

5.4.5　覆盖所有亮点

展示亮点，才能吸引投资人的关注。不妨将不同于大众产品的所有亮点"亮出"，让投资人"眼前一亮"。

例如，胜高国际酒店在投哪儿网平台众筹时，对其产品介绍覆盖了所有亮点（见图5-12）。

图 5-12　胜高国际酒店在投哪儿网完成众筹

产品荣誉：创立于 2007 年，是国内首家全国性精品连锁酒店新三板挂牌企业（股票名称：胜高股份，股票代码：833623）；首家入选"三板成指样本股"的酒店企业，同时也是全国住宿和餐饮业唯一入选新三板创新层的企业，和首家在行业中实施"事业合伙人"机制的酒店企业；现已成为政府 IPO 上市后备企业 CCTV 证券资讯《超越》栏目组合作伙伴。

交通便利：惠州市市中心麦地商业区；沃尔玛、数码街、天虹、人人乐等近在咫尺；惠州最负盛名的酒吧娱乐场所均位于酒店 0.5 公里以内，如苏荷、SHOW8、热舞派对，出行、购物、娱乐等极其方便；距惠州汽车总站 3 公里，距惠州火车站 10 公里，距深圳机场 80 公里，前往香港仅需 1 个半小时。

设施完备：酒店拥有特色客房和豪华复式客房等 201 套，均配备中央空调、宽带、卫星电视、保险柜、酒吧、全景玻璃浴室、独立直拨电话、独特的坐卧式窗台；酒店还配置地下停车场、餐厅、大堂吧、商务中心、会议室餐厅等设施；还有 KTV、桑拿沐足、音乐餐吧、特色餐厅等。

先进管理：内设智能投影设备、智能音波床垫等各类智能设备，智能开房、微信开门、无卡取电、自动开关窗、夜晚温度调控等，实现客房设备手机一键掌控，让您享受"四星装修二星消费，免查房、免押金、零停留"的智能入住新体验；酒店采用住哲连锁酒店管理系统，能轻易满足酒店信息化的各种需求，客户可以通过手机 APP 客户端、手机 WAP、微信订房平台等各种方式进行订房以及其他类型的客房服务。

5.5 打造完美计划书，获得高投资

股权众筹项目与传统融资项目一样，都需要给投资者提供一份行业计划书。但与传统融资项目不同的是，股权众筹的商业计划书是面向大众的，因此两者之间存在一定的差别。一般而言，股权众筹的商业计划书需要明确以下三点。

5.5.1 明确融资额范围

在发起项目之前，企业需要明确股权众筹项目的融资额范围，其要求要做到以下两点：

1. 确定融资未满或超出的可接受比例

公司在设计融资额时，要先确定低于多少比例是可以接受的，低于多少比例则被视为融资失败。同样，也要确定融资上限是多少？高于多少比例认筹将不再被接受？因为融资额越多，就代表公司要拿出的股份越多，会对创始人的控制权造成影响。

2. 确定融资额是否合适

如果设计过高可能导致项目失败，过低则可能导致资金不到位。所以，公司在设计融资额之前，先要做好分析预测工作，确定多少额度是合适的。

如在众筹之家进行股权众筹的"就是吃的 APP"，其融资额度是 200 万元，出让股份份额为 10%。从图 5-13 中可以看出，该项目截至 2018 年 8 月 17 日就已经完成，所以足以证明这个额度是在该公司的能力范围内。不过离项目结束尚有一段时间，可说明公司对融资额设置过低，可以适当提高。

图 5-13　就是吃的 APP 融资额设置过低

5.5.2　明确筹资人要求

当下的股权众筹市场一般是"领投+跟投"的模式，所以，企业在设计项目时，也需要明确两者的要求。

1．领投人要求

当下通过众筹入股项目，企业的方式一般是全部投资者共同成立一个合伙企业，由合伙企业持有股权。执行合伙人则代表合伙企业进入项目企业董事会，这个执行合伙人就是股权众筹的合伙人。因领投人需要在董事会占有一席之地，并拥有投票权。为了避免对企业及跟投人造成负面影响，因此众筹项目方必须对领投人做出一定的要求。

（1）具有一定稳定的经济收入；

（2）具有一定风险承受能力；

（3）具有相关领域经验与知识；

（4）具有一定行业影响力；

（5）具有分享精神，能将项目与投资者分享；

（6）能帮助项目方完善发展规划、估值拟定、融资条款、融资规模；

（7）能为众筹方提供市场推广、品牌宣传、资源整合等相关服务。

2．跟投人要求

为了达到一定的目的，众筹方在计划书中也必须对跟投人做出一定的要求。主要包括以下几个方面：

（1）具有一定的稳定经济收入；

（2）具有一定的风险承受能力，一般为总资产的 20%；

（3）能够支持项目长期发展；

（4）掌握投资行业的相关知识。

5.5.3　明确项目的盈利能力

无论是公司进行股权融资还是投资者投资，两者都有一个共同目标就是为了获利。而盈利的前提是众筹项目实现了股权增值，要达到股权增值，只有众筹项目实现了盈利预期。所以，明确项目的盈利预期，让投资者清楚看到投资后带来的丰厚回报，才能提高他们的投资意愿。如在兴汇利股权众筹平台发起众筹的中巢明星艺术幼儿园（武冈校区）。到众筹时间截止，已经筹到了 150 万元的资金，超过了预期 50 万元的 3 倍之多。该项目之所以能超额完成，很大一部分原因就是因为它让投资人看到了这个项目能在未来给他们带来丰厚的回报（见图 5-14）

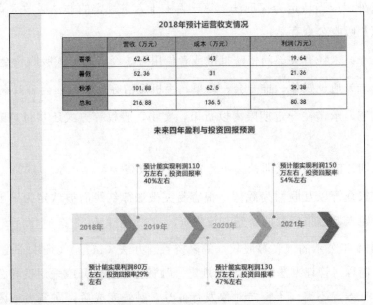

图 5-14　中巢明星艺术幼儿园（武冈校区）的盈利预测展示

5.6　众筹融资的法律风险及防范

股权众筹的法律风险主要来源于运营的合法性（见图 5-15）。

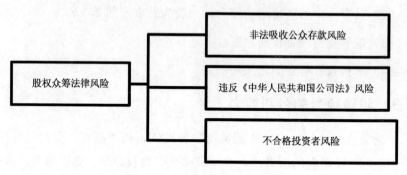

图 5-15　股权众筹的法律风险

1．非法吸收公众存款的风险

《最高人民法院关于审理非法集资刑事案件具体应用法律若干问题的解释》第一条规定：违反国家金融管理法律规定，向社会公众（包括单位和个人）吸收资金的行为，同时具备下列四个条件的，除《刑法》另有规定的以外，应当认定为《刑法》第一百七十六条规定的非法吸收公众存款或者变相吸收公众存款：

（一）未经有关部门依法批准或者借用合法经营的形式吸收资金；

（二）通过媒体、推介会、传单、手机短信等途径向社会公开宣传；

（三）承诺在一定期限内以货币、实物、股权等方式还本付息或者给付回报；

（四）向社会公众即社会不特定对象吸收资金。

股权众筹以互联网为载体，很容易突破法律红线而被认定为属于公开向不特定人群募集资金而涉嫌非法集资。

2014 年公示的《私募股权众筹融资管理办法（试行）（征求意见稿）》（以下简称《管理办法》）中明确规定：融资者不得公开或采用变相公开方式发行证券，不得向不特定对象发行证券。融资完成后，融资者或融资者发起设立的融资企业的股东人数累计不得超过 200 人。法律法规另有规定的，从其规定。

如果众筹平台在无明确投资项目的情况下，事先归集投资者资金，形成资金池，然后才进行招募项目，再对项目进行投资，则存在非法集资的嫌疑，或者众筹平台在投资人、融资人不知情的情况下，私自将资金挪作他用，更有可能构成集资诈骗犯罪。

2．违反《中华人民共和国公司法》的风险

我国《公司法》规定有限责任的股东人数不能超过 50 人，股权众筹以原始股权作为回报，相当有吸引力，加之众筹成功后需要设立公司，即使限定于有限责任公司股权，也面临着投资者人数众多、股东人数可能突破法律法规限制的问题，有一定风险。

3．投资者不合格风险

《私募股权众筹融资管理办法（试行）》第十四条规定：私募股权众筹融资的投资者是指符合下列条件之一的单位或个人。

（一）《私募投资基金监督管理暂行办法》规定的合格投资者；

（二）投资单个融资项目的最低金额不低于 100 万元人民币的单位或个人；

（三）社会保障基金、企业年金等养老基金，慈善基金等社会公益基金，以及依法设立并在中国证券投资基金业协会备案的投资计划；

（四）净资产不低于 1 000 万元人民币的单位；

（五）金融资产不低于 300 万元人民币或最近三年个人年均收入不低于 50 万元人民币的个人。上述个人除能提供相关财产、收入证明外，还应当能辨识、判断和承担相应投资风险；

本项所称金融资产包括银行存款、股票、债券、基金份额、资产管理计划、银行理财产品、信托计划、保险产品、期货权益等。

（六）证券业协会规定的其他投资者。

由于对投资者的审查主要由股权众筹平台实行，如果平台不能尽到应有的审查义务，筹资人可能面临筹资失败或违反法律规定的风险。

鉴于上述风险，企业在股权众筹过程中，应当采取以下防范措施：

（1）严格审查众筹平台资质；

（2）不向非特定对象发行股份；

（3）不向超过 200 个特定对象发行股份；

（4）不采用广告、公开诱导和变相公开方式发行股份；

（5）不发布风险较大的项目和虚假项目，不向投资者承诺收益或本金不受损失；

（6）不在众筹平台以外的公开场所发布融资信息。

第 6 章

股权激励与公司控制

股权激励可以提高员工的工作积极性和创新力，进而增强企业的竞争力，同时也可以通过股权激励来获得外部资金，解决企业经营过程中的资金短缺问题，但如果因为股权激励而痛失控制权，就有点得不偿失。本章我们来讲述股权激励中如何掌握公司的控制权。

要想牢牢地把握公司的控制权，最理想的方式就是掌握公司的控股权，因为股权是对公司的终极控制权利，公司的重大事项通常是基于股权由股东（会）决定的，如公司章程修改、董事任命、融资及公司分立合并或清算等。

控股是指通过持有某一公司一定数量的股份，以控制该公司 。股权层面的控制权包括绝对控股和相对控股（见图 6-1），如果创始人持股达到67%，即达到 2/3，公司决策权基本可以掌握在手中，形成绝对控股；绝对控股权情形下创始人至少要持有公司 51%的股权；而相对控股权往往需要公司创始股东为持有公司股权最多的股东，与其他股东相比，可以保持对公司的相对控制力，或者创始人虽拥有的股份未大于 50%，但根据协议规定拥有企业的实际控制权（协议控股）。

绝对控股　　相对控股

图 6-1　控股权的分类

6.1　AB 股架构

AB 股架构也称为双重股权架构或二元股权结构，即将股份分为 A、B 两个系列，其中对外部投资者发行的 A 系列普通股有 1 票投票权，而管理层持有的 B 系列普通股每股则有 N 票（通常为 10 票）投票权。

在公司对外融资中，AB 股架构可以保证创始人即使拿到很少的股权，但是每股具有 2～10 票的投票权，依然能通过保留足够的表决权来控制公司。

自 2007 年 3 月以来，京东共计进行 9 次私募融资，先后引进今日资本、高瓴资本、美国老虎基金、DST 全球基金、红杉资本、沙特王国投资公司等 PE 投资机构，募资额总计达 18.77 亿美元。随着资金短缺问题的解决，京东进入了高速发展时期，规模扩大，市场份额提高，2013 年实现年销量千亿元目标，但京东也付出了较大代价：股权结构呈现分散、多元格局，创始人刘强东持股比例被大幅度稀释（见图 6-2）。

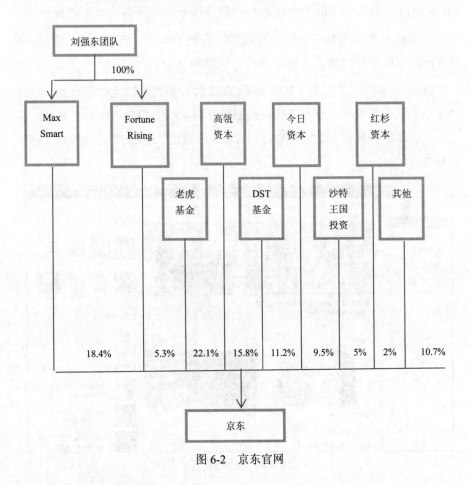

图 6-2　京东官网

但让大家疑惑的是，虽然股权比例不断被稀释，刘强东却依然能以23.67%（截至 2014 年 8 月）的持股比例牢牢掌握京东的控制权，这是为什么呢？因为京东实行的是 AB 股制度，刘强东通过两家控股公司 Max Smart Limited 和 Fortune Rising Holdings Limited 持有的 23.67%股权是 B 类股份，每股代表 20 份投票权，其他股东包括老虎基金、高瓴资本、DST 基金、今日资本、沙特王国投资、红杉等 PE 机构均持有的是京东 A 类普通股，每股只能代表一个投票权，按照数学公式计算：23.67×20/（23.67×20+76.30×1），刘强东仍然拥有高达 86.13%的投票权，确保在股东会重大决议上有绝对的话语权。

2016 年 8 月，腾讯通过旗下的黄河投资进一步增持京东股份，累计持股京东 21.25%，成为京东最大的股东，刘强东股份比例是 18.2%，但依靠 AB 股架构，刘强东依旧手握约 80%的投票权，牢牢掌握着京东的控制权。

采取这种股权架构的公司还有我们熟悉的 Google、Facebook、Groupon 和 Zynga，以及国内的人人网、百度、优酷和土豆。

2008 年 4 月，人人网（见图 6-3）获得软银集团总额 400 亿日元（约合 3.84 亿美元）的投资，交易完成后软银持有约 40%的股份，成为其第一大股东，创始人陈一舟拥有 22.8%的公司股份，但通过"AB 股"架构拥有 55.9%的投票权。

图 6-3　人人网官网

谷歌也曾用 AB 股计划来巩固创始人对公司的控制权（见图 6-4）。2014 年 4 月，谷歌通过一项"一拆二"拆股计划，新发行没有投票权的 C 类股票，以巩固两位联合创始人拉里·佩奇（Larry Page）和谢尔盖·布林（Sergey Brin）对公司的控制权。

根据谷歌提交的监管文件，持有大量每股 10 票投票权的佩奇和布林共持有公司 56% 的投票权。由于谷歌持续发放每股 1 票投票权的 A 类股票来集资收购和奖励员工，两位创始人的投票权有所下降。为了解决这一问题，谷歌设置了 C 类股票，C 类股票没有投票权，可以有效抑制创始人投票权稀释的问题。

举例说明，假如你有 200 股 A 类股票（每股 1 票投票权），那你就有 200 票投票权。拆股后，你将拥有 200 股 A 类股票和 200 股 C 类股票。A 类股票仍将是每股一票投票权，C 类股票则没有投票权。因此你的投票权不变。每股 10 票投票权的 B 类股票同理。鉴于未来谷歌发放 A 类股票的可能性将大大降低，布林和佩奇的投票权稀释问题将得到有效抑制。

图 6-4　谷歌官网

AB 股架构是解决股权融资后，公司控制权和股权平衡问题的一种创新手段，在这种结构中，股份通常被划分为高、低两种投票权。高投票权的股份拥有更多的决策权，主要由高级管理者所持有。

低投票权股份的投票权只占高投票权股份的 10% 或 1%，有的甚至没有投票权，由一般股东持有。实行这种双重投票权模式的公司，其创始人本身就是大股东，或者持股数量比较多。

现阶段，我国《公司法》规定，有限责任公司股东会会议由股东按照出资比例行使表决权；但是，公司章程另有规定的除外。这就意味着，从制度层面来讲，有限责任公司管理层股东可以在公司章程中就其出资额对应的表决权进行特别设计，包括引入复数投票权制度，给予管理层股东多倍出资额的投票权，进而放大其对公司重大决策的控制权。2018 年之前，对于股份有限公司而言，由于股份种类的分类制度不被法律认可，因此无法通过股份种类分类设计来帮助公司管理层股东实现对公司的控制权，同时也无法帮助创始人在上市后稳固控制权。

2018 年 6 月 6 日之后，中国证监会发布《试点创新企业境内发行股票或存托凭证并上市监管工作实施办法》等一系列新规，未盈利的创新企业可上 A 股，实行同股不同权的企业可通过发行存托凭证（CDR）实现在 A 股上市。也就是说，AB 股架构的公司创始人不用担心上市后会失去对公司的控制权。

其实，在此前一个月，港交所已经有公司成功实现了这一点，那就是小米科技。小米科技 2018 年 5 月初向港交所提交上市申请，2018 年 7 月 9 日上市成功，成为港交所第一家在 AB 股成功上市，但创始人对公司控制权没有减少的公司。

6.2 投票权委托

所谓"投票权委托"，是指通过协议约定，某股东将其投票权委托给另一特定股东来行使，分为表决权委托和一致行动协议（见图 6-5）。在这种机制之下，获得委托权的股东便可以行使比自己股份更大的投票权利，从而在公司决策中拥有更大的影响力或者控制权。

我国《公司法》规定，股份有限公司股东可以委托代理人出席股东大会会议，代理人应当向公司提交股东授权委托书。由此可见，投票权委托在我国是可行的。

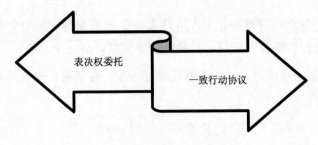

图 6-5　投票权委托的分类

6.2.1　表决权委托

表决权委托是指通过协议把投资人或小股东的表决权归集到创始人的手上，增加创始人手上表决权的数量，进而控制公司。例如创始人只有 30% 的股权，所对应的就只有 30% 的表决权，当他把其他几个创始小股东拥有的约 20% 股权归集在一起的时候，他就有了 50% 以上的表决权。

京东在引进外部风险投资机构的时候，充分利用了表决权委托，要求获准进入的风险投资商将其投票权委托给刘强东在英属处女群岛所掌控的 Max Smart Limited 和 Fortune Rising Holdings Limited 公司行使。2014 年上市前，刘强东通过签署表决权委托协议，由京东 11 家投资人将其表决权委托给其控股的两家公司，刘强东虽然持股只有 18.8%（不含代持的 4.3% 激励股权），却因为表决权委托协议掌控了京东过半数的投票权，获得了对公司的绝对控制权。

Facebook 的创始人马克扎克伯格也采用这种方式控制公司，他自己不仅持有 B 类股，获得了 10 倍于 A 类股的投票权，还签订了"表决权代理协议"，让 B 股投资者可授权他代为表决，双管齐下，让扎克伯格拥有公司 56.9% 的投票权，在股东会决策中拥有控制权。

阿里巴巴也存在表决权委托的安排，在上市前，马云所占股比为 8.8%，管理层总计 14.6%；软银 34%；雅虎 22%。马云通过与软银和雅虎签订表决权委托协议，获得软银和雅虎的投票权，从而实现了对公司的实际控制。

表决权委托需要签署表决权委托协议，因此一些主要条款及注意事项，管理者需要对其有一定的了解。

第一，协议主体。双方委托主体一定要适合，双方缔约能力不能存在瑕疵，否则会留下重大隐患。

第二，委托授权标的。甲方所持上市公司的股份对应的全部股东表决权、董事提名权等股东权利。其具体内容包括以下三个方面：

（1）委托授权效力以及因委托股份送股、转增股、配股等变更而新增的股份需要详细注明；

（2）一定要注明以下三个事项（见图6-6）；

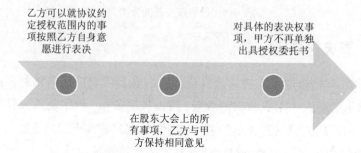

图6-6　协议中必须注明的事项

（3）分红权等股东财产性权利不包括在委托授权的范围之内。

第三，委托授权范围（见图6-7）。

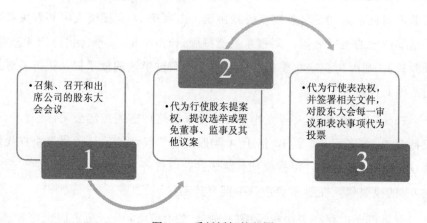

图6-7　委托授权的范围

除了涉及授权股份的转让、质押等与委托人所持股份的处置事宜直接相关的事项，为1、3两项的其他部分可全权委托，并且注明基于此委托对于公司的各项提案，乙方可自行投票，无须甲方再出具委托书。

6.2.2　一致行动协议

一致行动协议是指创始股东跟其他小股东一起签署一个协议，就公司的事项进行表决的时候依照统一的意志去表决，当其他的股东与创始股东意见不一致的时候，按照创始股东的意志进行表决。

一致行动协议内容通常体现为一致行动人同意在其作为公司股东期间，在行使提案权、表决权等股东权利时做出相同的意思表示，以其中某方意见作为一致行动的意见，以巩固该方在公司中的控制地位。

腾讯创始团队曾与大股东 MIH 签订一致行动协议，约定：双方向腾讯集团各公司任命等额董事，而且在上市公司主体中双方任命的董事人数总和构成董事会的多数。从而实现了双方对上市公司和下属各公司的共同控制。

"一致行动协议"包括四个基本点（见图 6-8）：采取"一致行动"的法律依据是协议、合作、关联方关系等合法方式；采取"一致行动"的手段是行使目标公司的表决权；采取"一致行动"的方式是采取相同意思表示；采取"一致行动"的目的是为了扩大其对目标公司股份的控制比例，或者巩固其对目标公司的控制地位。

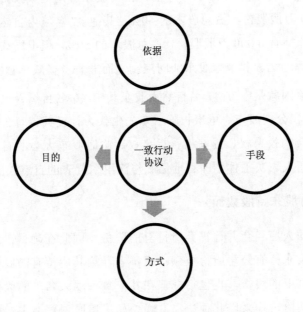

图 6-8　"一致行动协议"的四个基本点

签订《一致行动协议》的目的是为了明确、稳定公司的控制权，操作中要注意以下要点（见图 6-9）：

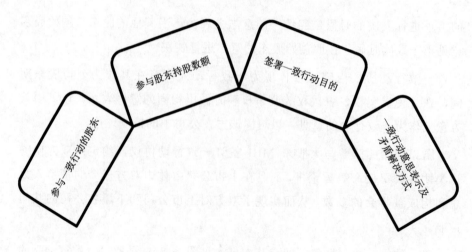

图6-9 "一致行动协议"的操作要点

1. 参与一致行动的股东

除了大股东，其他对公司有影响力的小股东也可以成为参与一致行动的股东。例如江海股份在公司 IPO 前，公司股东香港亿威投资有限公司直接持有 6 000 万股股份，占总股本的 50%；其他 47 名境内自然人（中方股东）股东合计持有 6 000 万股股份，占总股本的 50%。但根据该公司披露信息，公司由香港亿威和中方股东共同控制，而非香港亿威单独控制。

其具体原因就是中方 47 名自然人股东其中 46 名自然人已签署《委托协议书》，授权公司股东、董事长陈卫东先生代为行使其持有公司股份所享有的股东大会的投票权、提案权、提名权、临时股东大会的召集权。这样公司形成了两大表决主体，即香港亿威与陈卫东代表的自然人股东。

2. 参与股东持股数额

一致行动人应当合并计算其所持有的股份。因此在确认一致行动协议时要明确各股东持有公司股份数额。投资者计算其所持有的股份，应当包括登记在其名下的股份，也包括登记在其一致行动人名下的股份。一般情况的一致行动协议均采用此种认定方式。如星奥股份案例中，杨亚中、李明勇、陈斌 3 人直接持有公司股权的比例一直保持在 34%、33%、33%，均对公司形成重大影响；但任何一人凭借其股权均无法单独对公司股东大会决议、董事会选举和公司的重大经营决策实施决定性影响。正是因为公司的股权结构特点，所以采取一致行动协议明确公司控制权问题。

3．签署一致行动的目的

签署一致行动的目的就是为取得公司的实际控制权，因此，要注意协议签署后按照各股东所持股份比例，是否能真正获得控制权。例如在欧萨咨询披露的信息中，该公司股东国淳创投、王小兵、张朝一、伍波、夏志玲、国际创投分别持有公司 30.71%、25.93%、25.93%、6.22%、6.22% 、5.00%的股份。公司第一大股东为国淳创投，但股东王小兵与张朝一通过签署《一致行动协议》，合并持股 51.86%，掌握了公司的实际控制权。

4．一致行动意思表示及矛盾解决方式

一致行动旨在约定一致行动人在股东大会、董事会的提案、表决等行为上保持一致行动，换言之，一致行动人应在股东大会、董事会召开前达成一致的表决意见。因此，在一致行动协议中应该明确一致表决意见形成的方式及切实有效的矛盾解决方式。

例如，在神农大丰的创始人黄培劲与柏远智等其他 10 位自然人股东签署的《一致行动协议》中约定：

（1）各方确认，作为神农大丰的股东，在神农大丰的历次股东大会对相关事项表决时，各方均保持一致；

（2）本协议签署后，在处理有关需经神农大丰股东大会审议批准的事项时，各方应采取一致行动。采取一致行动的方式为：在向股东大会行使提案权和在股东大会上对相关事项行使表决权时保持一致；

（3）任何一方拟向股东大会提出议案时，须与其他方进行充分沟通协商，在取得一致意见后，由各方共同向股东大会提出议案；

（4）股东大会召开前，各方应就股东大会拟进行表决的议案进行充分沟通协商，就行使何种表决权达成一致意见，并按照该一致意见在股东大会上对该等议案行使表决权。为保证本规定得以执行，在股东大会对相关事项进行表决时，10 位自然人股东先应将填写好的表决票提交给黄培劲确认，再由黄培劲将各方的表决票一并提交给收票人。柏远智等 10 位股东任何一方因任何原因不能参加股东大会，应委托黄培劲或黄培劲指定的人代表其参加股东大会，并授权黄培劲及黄培劲指定的人按前述规定代其行使表决权；

（5）任何一方违反本协议约定，应在不违背法律、法规、规章、有关规范性文件和神农大丰章程的前提下，采取有效措施消除其违约行为所带来影响。柏远智等 10 位股东中的任何一方如发生两次以上（包括两次）违反本协议规定的行为，黄培劲有权要求该等违约方将其对股东大会的提案权和在股东大会上的表决权在本协议的有效期内授权黄培劲行使，在授权期限内，该等违约方不得再亲自行使提案权和表决权。

（6）协议自各方签署之日起生效，至神农大丰首次公开发行的股票上市交易之日起满 36 个月后失效。同时，柏远智等 10 位自然人股东承诺，自发行人股票上市之日起，在公司连续服务年限不少于 3 年。

6.2.3　创始人否决权

表决权委托和一致行动协议是增大创始人控制权的进攻性的策略，否决权则是一种防御性的策略。当上述两种方式不能实现的时候，否决权显得尤为重要。

创始人否决权，是指对于公司有重大影响的事件，如投资、担保、质押、解散、清算、分立、合并、控制权转让、重要资产重组、主营业务变更、重大对外并购、公司预算决算、变更董事会组成规则或人员、聘请与更换审计师、上市、重大人事任免、股权激励等，在符合法律规定的表决方式下，还必须得到核心创始人的同意或赞成，表决方可通过并实施。

比如，我们可以在章程写入类似条款：

有关公司投资、担保、质押、解散、清算、分立、合并、控制权转让等影响公司经营管理的重大事项，必须获得核心创始人的赞成，表决方可通过并实施。

创始人要掌握否决权，那么就要了解与之相关的法律法规，如此才能更好地运用这一权利保护好自己对公司的控制权。

创始人能不能控制公司，就看其能否在董事会表决机制中拥有一票否决权。那么，董事会可以设置"一票否决权"吗？

《公司法》第四十八条第三款和第一百一十一条第二款对于责任有限公司和股份有限公司董事会的表决均规定如下："董事会决议的表决，实行一人一票"。也就是说，一票否决权对于董事会传统的"一人一票"的表决机制产生了巨大的冲击。因此，能否在董事会机制中设置一票否决权还有待研究。此外，责任有限公司和股份有限公司对这一问题又存在完全相反的情形。

责任有限公司可以在董事会机制中设置"一票否决权"：有相应的法律支持。《公司法》第四十八条对有限责任公司的董事会议事方式与表决程序进行了规定："董事会的议事方式和表决程序，除本法有规定的外，由公司章程规定。董事会应当对所议事项的决定做成会议记录，出席会议的董事应当在会议记录上签名。董事会决议的表决，实行一人一票。"根据其中的"除本法有规定外，由公司占章程决定"。也就是说，责任有限公司可在公司章程上自主约定董事会议事规则，通过公司章程赋予创始人在董事会上享有"一票否决权"。

股份有限公司不能在董事会机制中设置"一票否决权"。《公司法》第一百一十一条规定了股份有限公司的董事会议事规则："董事会会议应有过半数的董事出席方可举行。董事会做出决议，必须经全体董事的过半数通过。董事会决议的表决，实行一人一票。"此条款中并未出现与有限责任公司"除本法有规定的外，由公司章程规定"字眼，所以，股份有限公司不能在董事会机制上设置"一票否决权"。

6.3　董事会组成

公司组织架构中，董事会与股东会是两个相对独立的机构，公司股东往往无权直接干预董事会依据法律和公司章程行使日常经营决策的权力。特别是在初创企业中，很少通过股东会的控制权来参与公司日常经营，一般情况下，公司的日常经营都由董事会决定。因此，如果控制了董事会，也即控制了公司的日常经营管理。

董事会中，董事是由股东会投票选举产生或者股东委派产生的。一般会事先定好董事会的席位数，正常情况下按照股东会的股权比例来决定董事会的席位分配，如果股东之间事先有约定，则可以依照约定执行。董事会决议的表决，实行一人一票，也就是说一个董事就有一个表决权，如果能掌握过半数的董事席位，也就获得了多数的表决权。

例如，京东在 2014 年 1 月向美国证监会呈交的招股书中披露了 1 份 2013 年 12 月份通过的最新股东协议：京东的董事会为 9 人，老虎基金、

Best Alliance、Strong Desire 及 DCM 分别有权任命 1 名董事，而刘强东及管理团队则有权任命 5 名董事，并且有权任命董事会主席。从董事会席位来看，刘强东及其管理团队与其他股东在董事会的投票权为 5：4，刘强东在董事会在投票权过半数，在董事会重大问题上具有绝对的话语权，从而牢牢地把握了公司的控制权。

2014 年 4 月的京东的招股书显示，根据公司上市前获得腾讯战略投资后签署的股东协议，公司（上市前）最多设立 11 名董事，其中 A、B、C 轮及上市前的领投人（即今日资本、雄牛资本、高瓴资本和老虎基金）在持股数不低于各自相应约定的持股下限的情况下，分别有权任命 1 位董事，腾讯有权委派 1 名董事。即投资人共有权委派 5 名董事，剩余 6 名董事由刘强东委派。从董事会席位来看，刘强东及其管理团队与其他股东在董事会的投票权为 6：5，依然牢牢把握着公司的控制权。

实践中，控制董事会的方式主要有以下几种。

1. 控制公司股东会的表决权

通过掌握公司的大部分表决权，选举或指派代表自己利益的董事成员。

2. 控制董事的产生方式

董事一般由股东会投票选举、股东委派或董事会提名产生，甚至还可以公开召集候选人，其中董事会提名最常见，创始人不妨将对自己有利的提名方式写入章程。

例如，阿里巴巴规定阿里巴巴合伙人在集团上市后将拥有独家提名多数董事会成员的权力，但董事提名候选人，必须在一年一度的股东大会上获得大部分票数的支持，方可成为董事成员。而根据马云、蔡崇信、软银和雅虎达成的一致行动协议，在未来的股东会上，软银和雅虎要支持阿里巴巴合伙人提名的董事候选人及软银委派的一名董事。

为了保证合伙人这一权力的持续有效，阿里巴巴还规定，如果要修改章程中关于合伙人提名权和相关条款，必须要在股东大会上得到 95% 的到场股东或委托投票股东的同意。根据官方披露，马云、蔡崇信在 IPO 后仍然分别持有阿里 7.8%、3.2% 的股份，而二人目前正是阿里巴巴合伙人团队中的永久合伙人，由此看来，合伙人的"董事提名权"坚如磐石，难以打破。

3．对董事的资格进行审查

通过公司章程规定董事候选人的产生程序，审查候选人任职资格，过滤掉与自己利益相反的候选人，有利于控制董事会。

4．限制董事的更换数量

可以通过公司章程规定每年只能改选董事的数量，或者设置更换董事的比例，以保持原控制人在董事会中的优势地位。

5．限制股东提名董事的人数

通过公司章程规定股东提名董事的人数，或者规定由董事会根据股东股权结构确定选举或改选的董事名额，以维持创始人在董事会中的优势地位。

6．设置特别表决事项

公司章程将一些重要事项列为董事会的特别表决事项，如董事提名、董事长选举、对外投资、融资及担保等，可防止董事会控制权旁落。

6.4　合伙人制度

阿里巴巴历经多次融资（见表 6-1），马云的股权也被稀释到 IPO 前的 8.9%，但马云及其团队却依然掌握着公司的控制权（见表 6-2），这是为什么呢？因为阿里巴巴的玄妙的合伙人制度。

表 6-1　阿里巴巴的融资历程

融资时间	融资金额	投资人
1999 年	50 万元	马云夫妇、同事、学生等
1999 年	500 万美元	高盛、富达、新加坡政府科技发展基金、InvesitAB
2000 年	2 500 万美元	软银、富达、TDF 等
2004 年	8 200 万美元	软银、富达、TDF、纪源等
2005 年	10 亿美元	雅虎
2007 年	市值约 280 亿美元	在香港上市（成为中国最大的互联网公司）
2014 年	市值约 2 300 亿美元	在美国纽交所上市（成为全球最大互联网公司）

表 6-2　阿里巴巴 IPO 前后的股权比例变动

姓名	IPO 前持股比例	IPO 后持股比例
马云	8.9%	7.8%
蔡崇信	3.6%	3.2%
雅虎	22.6%	15.56%
软银	34.4%	32.4%
其他	30.5%	41.04%
总股数	23.64 亿股	25.13 亿股

6.4.1　特殊的合伙人制度

　　法律意义上的"合伙人"是指投资组成合伙企业，参与合伙经营管理，依法享受权利，承担义务的组织和个人，是合伙企业的主体。由此可见，合伙人既是企业的所有者，又是企业的管理者，还是企业债务和责任不可推卸的责任人。

　　阿里巴巴集团的合伙人只是在文字和内涵上借鉴了法律的概念，实质上与法律规定的合伙人有着根本的区别，不同于传统的合伙企业法中的合伙制，也不等同于双重股权架构，是一种特殊的合伙人制度（见图 6-10）。

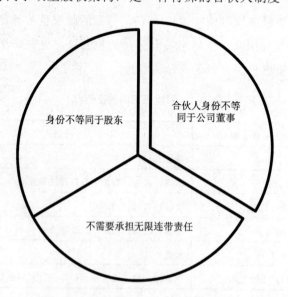

图 6-10　阿里巴巴合伙人制度的特殊性

1. 身份不等同于股东

阿里巴巴集团要求合伙人必须持有公司一定的股份，但是合伙人退休或离开阿里巴巴将丧失合伙人资格（永久合伙人除外），这与只要持有公司股份就能保持股东身份不同。

2. 合伙人身份不等同于公司董事

在阿里巴巴集团内部，董事会拥有极高的权力，但阿里合伙人主要权力是董事会成员提名权，并没有管理公司的权力。也就是说，合伙人拥有人事控制权，而非公司运营的直接管理权，这和合伙企业中合伙人常常担任公司董事，直接参与公司运营管理不同。

3. 不需要承担无限连带责任

我国《合伙企业法》规定，在有限合伙制企业内，普通合伙人与有限合伙人享有不同的权利，承担区别的责任。普通合伙人执行合伙事务，有限合伙人不参与合伙企业的经营；有限合伙人以其认缴的出资额为限对合伙企业债务承担责任，普通合伙人对合伙企业的债务承担无限连带责任。

但在阿里巴巴集团内部，合伙人的职责主要体现在完成与推广阿里巴巴的使命、愿景和价值观，并没有财产经济责任，也就是说，阿里巴巴的合伙人履职的责任主要是精神和身份层面的，没有具体到财产赔偿责任。

6.4.2 玄妙的"董事提名权"

对于阿里巴巴的合伙人制度，最玄妙的当属其中的"董事提名权"。阿里巴巴的招股书中提到"依据公司章程，阿里巴巴集团上市后，阿里巴巴合伙人有权提名阿里巴巴过半数的董事（50%以上），提名董事需经股东会投票数过半数支持方可生效"。

从表面上看，阿里巴巴的合伙人拥有的仅仅是董事的提名权，而非决定权。但是仔细研究阿里巴巴的章程，不难发现其中暗藏玄机。

（1）阿里巴巴合伙人拥有提名简单多数（50%以上）董事会成员候选人的专有权；

（2）被合伙人提名的董事需要得到年度股东大会投票过半数的票数才

能成为董事会成员；

（3）如果阿里巴巴合伙人提名的候选人没有被股东选中，或选中后因任何原因离开董事会，则阿里巴巴合伙人有权指定另一位成为过渡董事填补空缺，直至下届年度股东大会召开；

（4）在任何时间，不论因任何原因，当董事会成员人数少于阿里巴巴合伙人所提名的简单多数，阿里巴巴合伙人有权指定不足的董事会成员以保证董事会成员中简单多数是由合伙人提名；

（5）在下一届的股东大会上，过渡董事或阿里巴巴合伙人所指定的替代董事候选人将参加原提名的候选人所属的董事类别选举；

（6）如果要修改章程中关于合伙人提名权和相关条款，必须要在股东大会上通过 95% 的到场股东或委托投票；

（7）阿里巴巴和软银、雅虎达成投票协议，软银和雅虎在股东大会上为阿里巴巴所提名的董事投赞成票，前提为软银至少持有 15% 的已发行的普通股；

不仅如此，阿里的招股说明书还阐明：在任何时间，不论任何原因，当董事会成员人数少于阿里巴巴合伙人所提名的简单多数，阿里巴巴合伙人有权指定不足的董事会成员，以保证董事会成员中简单多数是由合伙人提名。也就是说，无论合伙人提名的董事，股东会是否同意，合伙人总能让自己人行使董事的权力。

现实中，阿里巴巴的合伙人已经通过上述程序实际控制了公司半数以上的董事。招股前，阿里巴巴的董事会成员为 9 人，其中有 4 人由合伙人提名；招股结束后，合伙人可以再提名 2 人，届时董事会成员增加至 11 名。

阿里巴巴合伙人的董事提名权、与软银及雅虎达成的投票协议、章程中有关修改提名权的限制性规定，以及马云、蔡崇信作为阿里巴巴合伙人团队中永久合伙人的优势，将有利巩固马云及其团队对阿里巴巴的控制权。

6.4.3 合伙人委员会

阿里巴巴的合伙人委员会是其合伙人制度的核心，由 5 位合伙人组成，每一届任期 3 年，可以连任。目前阿里巴巴的合伙人委员会，包括马云、蔡崇信、陆兆禧、彭蕾和曾鸣。

合伙人委员会有两项核心职能：

（1）负责管理合伙人选举。即任何被提名的候选合伙人必须经过合伙人委员会的确认才能成为正式的候选人。

（2）提议和执行阿里巴巴高管年度奖金池分配。阿里合伙人委员会可以向董事会的薪酬委员会提议高管的年度奖金池，并在董事会表决后，在董事会的薪酬委员会同意下给公司管理人员和合伙人分配奖金。

6.4.4　相关机制

依靠完善的进入、退出机制，阿里巴巴的合伙人制度在维持公司管理团队控制权方面发挥了重大作用（见图 6-11）。

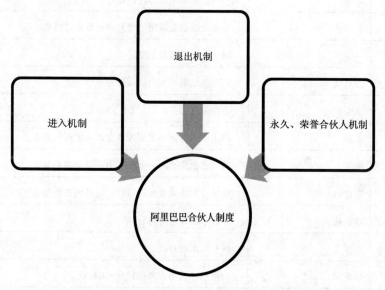

图 6-11　阿里巴巴合伙人制度

1. 进入机制

根据阿里巴巴公布的资料显示,阿里巴巴合伙人的任职资格中的"客观"条件很简单：为阿里巴巴或密切关联公司工作 5 年以上。其他条件，诸如"必须具有非常正直的人品、对公司发展有积极贡献，以及能传承公司文化或者愿为公司价值观竭尽全力"，都十分"主观"。但是，阿里巴巴要求每位合伙人必须拥有一定的阿里巴巴股份，由此可见，能够成为阿里巴巴合伙人，基本都是通过公司的股权激励制度获得了阿里巴巴股权的高管。

截至 2015 年 12 月底，阿里巴巴的合伙人有 34 人（见表 6-3）。

表 6-3　阿里巴巴合伙人名单

序号	姓名	职务
1	Timothy A.STEINERT	阿里巴巴集团总法律顾问
2	蔡崇信	阿里巴巴董事局副主席
3	蔡景现	阿里云高级研究员
4	曾鸣	阿里巴巴集团总参谋长
5	程立	小微金融服务集团（筹）首席技术官（CTO）
6	戴珊	阿里巴巴集团首席客户服务官（CCO）
7	樊治铭	小微金融服务集团（筹）国内事业群总裁
8	马云	阿里巴巴董事局主席
9	方永新	阿里巴巴集团人力资源总监
10	胡晓明	小微金融服务集团（筹）副总裁
11	姜鹏	阿里巴巴集团副首席技术官，淘宝网创始人之一
12	蒋芳	阿里巴巴集团廉正部和人力资源部副总裁
13	金建杭	阿里巴巴集团资深副总裁，阿里巴巴创始人之一
14	井贤栋	小微金服首席财务官
15	刘振飞	阿里集团副总裁
16	陆兆禧	阿里巴巴集团首席执行官（CEO）
17	倪行军	小微金融服务集团（筹）行业产品部研究员
18	彭蕾	阿里巴巴集团首席人才官（CPO），兼任小微金服集团（筹）首席执行官（CEO）
19	彭翼捷	小微金融服务集团（筹）国际事业部副总裁
20	邵晓锋	阿里巴巴集团首席风险官（CRO）
21	童文红	菜鸟网络首席运营官（COO）
22	王坚	阿里巴巴集团首席技术官（CTO）

续表

序号	姓名	职务
23	王帅	阿里巴巴集团首席市场官（CMO）
24	吴敏芝	阿里巴巴集团资深副总裁
25	吴泳铭	阿里巴巴集团资深副总裁
26	武卫	阿里巴巴集团首席财务官（CFO）
27	俞思瑛	阿里巴巴集团法务部副总裁
28	张建锋	淘宝网总裁
29	张勇	阿里巴巴集团首席运营官（COO）
30	张宇	阿里巴巴集团企业发展部副总裁
31	俞永福	阿里移动事业群总裁及阿里妈妈总裁
32	郑俊芳	阿里巴巴集团副 CFO
33	孙利军	阿里巴巴农村淘宝总经理
34	赵颖	蚂蚁金服集团财务与客户资金部总经理

2．退出机制

根据阿里公布的资料，阿里巴巴的合伙人符合以下某一情形的，就丧失了合伙人的资格：

（1）60 岁时自动退休；

（2）自己随时选择退休；

（3）离开阿里巴巴；

（4）死亡或者丧失行为能力；

（5）被合伙人会议 50%以上投票除名。

3．永久合伙人和荣誉合伙人

阿里巴巴规定，永久合伙人将一直存在，除非自己选择退休、死亡，或丧失行为能力或被选举除名。目前，阿里巴巴的永久合伙人只有马云、蔡崇信。永久合伙人的产生，可以由选举产生，也可以由退休的永久合伙人或在职的永久合伙人指定。如果永久合伙人不再是阿里巴巴的职员，则无法得到奖金池的奖金分配，除非他仍然是荣誉合伙人。

此外，退休的合伙人还可以被选为荣誉合伙人，荣誉合伙人无法行使合伙人权利，但是能够得到奖金池的一部分分配。

阿里巴巴的合伙人制度，将公司的控制权在形式上归于30人左右的核心高管团队——合伙人会议，防止创始人及其团队在对外融资中失去公司的控制权。同时，作为一种激励形式，授予核心成员股份和投票权，有利于公司内部的激励和主动性激发。另外，阿里巴巴的合伙人制度，并不是一个完全凌驾于阿里巴巴集团董事会之上的一个组织机构，也不是一个类似股东大会的机构，是一个与公司管理层有密切关系，为公司的经营提供支持，对公司的管理承担责任，加强管理层、有效保障管理层利益的一个机构。

6.5 有限合伙架构

有些时候，为了平衡各方利益或是受到法律持股比例限制，创始人无法担任企业的控股股东，也无法对企业的重大经营决策施以影响，不妨采取有限合伙架构，间接控股。

有限合伙由有限合伙人与普通合伙人共同组成，普通合伙人负责执行合伙企业事务，对外代表合伙企业；有限合伙人不参与企业的经营管理，以其出资为限承担责任，普通合伙人则对合伙债务承担无限责任，同时普通合伙人之间承担连带责任。

可以考虑让股东不直接持有公司股权，而是把股东都放在一个有限合伙组织中，让有限合伙组织持有公司股权，这样股东就间接持有公司股权。同时，让创始人或其名下公司担任GP，控制整个有限合伙，然后通过这个有限合伙持有和控制公司的部分股权。除创始人之外的其他股东，只能是有限合伙的LP，只享有经济收益而不参与有限合伙日常管理决策，也就不能通过有限合伙控制公司。

蚂蚁金服采取的就是这种方式（见图6-12）。根据阿里巴巴公示的资料显示，马云在蚂蚁金服持有的股权比例不超过8%，但是马云通过自己的独资公司，以管理合伙人（GP）的身份控制杭州的两家有限合伙企业，这两家有限合伙企业的有限合伙人（LP）分别是阿里员工和阿里巴巴的湖畔合伙人。由于这两家有限合伙企业在蚂蚁金服持有不少于 51%的股份，因此马云能够以不超过 8%的股权比例实现对蚂蚁金服的绝对控制。

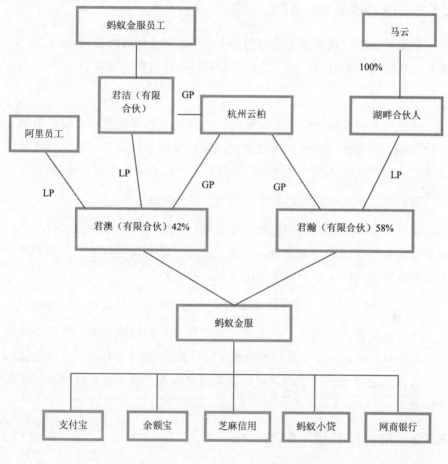

图 6-12　蚂蚁金服股权架构图

6.6　股权架构的九条生命线

其实要说控制权，其实还是要从本质上入手，就是做好股权架构的设计。而在股权架构的设计中，有九条生命线是必须要把握的。把握好了这一点，公司创始人就能更好地掌控公司。在对各个企业的股权架构进行研究之后，可以得出一个结论，股权架构有九条生命线，每一条都有其独特的意义。只有把握好这九条生命线，股权架构才能合理合规，且创始人才能保证对公司的控制权，同时才能让股权激励达到最好的效果。

6.6.1　绝对控制线：67%

是指67%的股权掌握在公司创始人手中，具有对修改公司章程、合并、变更主营项目、增减资、重大决策等事项进行绝对控制的权利。

法律依据：

《中华人民共和国公司法》第四十三条第二款："股东会会议作出修改公司章程、增加或者减少注册资本的决议，以及公司合并、分立、解散或者变更公司形式的决议，必须经代表三分之二以上表决权的股东通过。"

在设计这条生命线时，需要注意以下三个问题：

第一，有限责任公司与股份有限公司同样适用，但二者相比较而言，股份有限公司要求是出席股东大会的三分之二以上表决权通过，并购不要求股份有限公司的股东一定要占比三分之二以上。

第二，三分之二含本数，也就是指不止是67%，也包含66.7%、66.67%。

第三，根据《公司法》第四十二条"股东会会议由股东按照出资比例行使表决权；但是，公司章程另有规定的除外。"公司章程既可以约定股东会是否按照出资比例行使表决权，如果约定为否，那么这条线就失去了相应的意义。

6.6.2　相对控制线：51%

是指51%的股权掌握在公司创始人手中，对公司的重大决策有相对的控制权。从法律层面来看，这只是一个相对的控制权，只有一部分事情可以决定，如果涉及重大事项、增资减资、公司解散、注销、合并等。需要股东会投票进行，并无决定权。

法律依据：

《中华人民共和国公司法》第一百零三条第二款："股东大会作出决议，必须经出席会议的股东所持表决权过半数通过。"

设计时需要注意以下三点：

第一，《公司法》只有股份有限公司中的过半数表决条款，对有限责任公司并未对股东会普通决议的程序作出明确规定，只让股东会自行通过章程确定。

第二，有限责任公司在自行约定时需把握好以下三个尺度（见图 6-13）。其中过半数不包含 50%，但是半数以上与二分之一包含了 50%。所以，公司章程中必须避免出现"半数以上"与"二分之一以上"的约定，否则会与股东大会的决议产生冲突。

图 6-13　有限责任公司自行约定是需要的 3 尺度

第三，自由约定时需对"股东人数过半数"还是"股东所持表决权过半数"作出明确说明。

6.6.3　安全控制线：34%

是指 34% 的股权掌握在公司创始人手中，对董事会的决议拥有一票否决权。

法律依据：

与绝对控制权法律依据相一致。

也就是说，公司的重大决策需要三分之二以上的表决权通过，那么如果其中一个股东超过三分之一的股权，那么另一方就无法达到三分之二以上的表决权，该重大决策就无法通过。如此，创始人只要拥有了公司的 34%

就等于控制了企业的生命线。不过，这对于企业需要半数以上通过的事宜，34%无法拥有否决权。

6.6.4 要约收购线：30%

是指30%的股权掌握在公司创始人手中，通过证券交易所的证券交易，收购人持有一个上市公司的股份达到该公司已发行股份的 30%时，继续增持股份的，应当采取要约方式进行，发出全面要约或者部分要约。但这条线未上市公司并不涉及。如果公司有上市需求，那么就需要重点关注。

法律依据：

《中华人民共和国证券法》第八十八条第一款："通过证券交易所的证券交易，投资者持有或者通过协议、其他安排与他人共同持有一个上市公司已发行的股份达到百分之三十时，继续进行收购的，应当依法向该上市公司所有股东发出收购上市公司全部或者部分股份的要约。"

6.6.5 同业竞争线：20%

是指上市公司所从事的业务，与其控股股东或实际控制人所控制的其他企业，或实际控制人所控制的其他企业所从事的业务相同或相近，双方构成或可能构成直接或者间接的竞争关系。此外，该竞争线同样不适合未上市公司。

法律依据：

无。

需要注意的是：虽然法律没有明确要求，但是一般认为："关联公司特指一个股份公司通过 20%以上的股权关系或者重大债权关系所能控制或者对其经营决策施加重大影响的任何企业，包含股份公司的大股东、子股东、并列子公司以及联营公司"。

6.6.6 临时会议线：10%

是指如果股东拥有10%的股份就拥有召开临时会议的权利，并拥有临时提出质疑、调查、起诉、清算、解散公司的诉权。因此，在做股权激励时，需要特别注意不要让公司的某个利益小团体的持股比例超过或等于10%，不仅增加创始人的麻烦，也影响公司的稳定性。

法律依据：

《中华人民共和国公司法》第三十九条第二款："代表十分之一以上表决权的股东，三分之一以上的董事，监事会或者不设监事会的公司的监事提议召开临时会议的，应当召开临时会议。"

第四十条第三款："董事会或者执行董事不能履行或者不履行召集股东会会议职责的，由监事会或者不设监事会的公司的监事召集和主持；监事会或者监事不召集和主持的，代表十分之一以上表决权的股东可以自行召集和主持。"

第一百条："股东大会应当每年召开一次年会。有下列情形之一的，应当在两个月内召开临时股东大会：

（三）单独或者合计持有公司百分之十以上股份的股东请求时。"

第一百一十条第二款："代表十分之一以上表决权的股东、三分之一以上董事或者监事会，可以提议召开董事会临时会议。"

《最高人民法院关于适用〈中华人民共和国公司法〉若干问题的规定（二）》

第一条第一款："单独或者合计持有公司全部股东表决权百分之十以上的股东，以下列事由之一提起解散公司诉讼，并符合公司法第一百八十二条规定的，人民法院应予受理。"

需要注意的是：第三十九条、第四十条适用于有限责任公司；第一百条、一百一十条适用于股份有限公司；公司法司法解释二第一条适用于所有类型的公司。

6.6.7 股权变动线：5%

是指上市公司如果有超过 5%的股权要转让或者变更，就需要进行公示与披露。此条线也只针对上市公司，非上市公司不存在这一条生命线。

法律依据：

《中华人民共和国证券法》第六十七条第一款、第二款第八项："发生可能对上市公司股票交易价格产生较大影响的重大事件，投资者尚未得知时，上市公司应当立即将有关该重大事件的情况向国务院证券监督管理机构和证券交易所报送临时报告，并予公告，说明事件的起因、目前的状态和可能产生的法律后果。"

下列情况为前款所称重大事件：（八）持有公司百分之五以上股份的股东或者实际控制人，其持有股份或者控制公司的情况发生较大变化。

第七十四条第二项："证券交易内幕信息的知情人包括：（二）持有公司百分之五以上股份的股东及其董事、监事、高级管理人员，公司的实际控制人及其董事、监事、高级管理人员。"

第八十六条："通过证券交易所的证券交易，投资者持有或者通过协议、其他安排与他人共同持有一个上市公司已发行的股份达到百分之五时，应当在该事实发生之日起三日内，向国务院证券监督管理机构、证券交易所作出书面报告，通知该上市公司，并予公告；在上述期限内，不得再行买卖该上市公司的股票。"

投资者持有或者通过协议、其他安排与他人共同持有一个上市公司已发行的股份达到百分之五后，其所持该上市公司已发行的股份比例每增加或者减少百分之五，应当依照前款规定进行报告和公告。在报告期限内和作出报告、公告后二日内，不得再行买卖该上市公司的股票。

6.6.8　临时提案线：3%

是指股东拥有3%的股份就拥有临时提案的能力，该3%单独计算也可，合计计算也可。此条线仅适合股份有限公司，有限公司由于具备的人合性，所以无须此类生命线。人合性是指在有限责任公司的成员之间，存在着某种个人关系，这种关系很像合伙成员之间的那种相互关系。

法律依据：

《中华人民共和国公司法》第一百零二条："单独或者合计持有公司百分之三以上股份的股东，可以在股东大会召开十日前提出临时提案并书面提交董事会；董事会应当在收到提案后二日内通知其他股东，并将该临时提案提交股东大会审议。临时提案的内容应当属于股东大会职权范围，并有明确议题和具体决议事项。"

6.6.9　代位诉讼线:1%

拥有1%的股权，股东即可拥有间接调查与诉讼的权利，也称为派生诉讼权。此条线只适合持股超过 180 天的股份有限公司股东，有限责任公司并没有持股时间与持股比例的限制。

法律依据：

《中华人民共和国公司法》第一百五十一条规定："董事、高级管理人员有本法第一百四十九条规定的情形的，有限责任公司的股东、股份有限公司连续一百八十日以上单独或者合计持有公司百分之一以上股份的股东，可以书面请求监事会或者不设监事会的有限责任公司的监事向人民法院提起诉讼；监事有本法第一百四十九条规定的情形的，前述股东可以书面请求董事会或者不设董事会的有限责任公司的执行董事向人民法院提起诉讼。"

监事会、不设监事会的有限责任公司的监事，或者董事会、执行董事收到前款规定的股东书面请求后拒绝提起诉讼，或者自收到请求之日起三十日内未提起诉讼，或者情况紧急、不立即提起诉讼将会使公司利益受到难以弥补的损害的，前款规定的股东有权为了公司的利益以自己的名义直接向人民法院提起诉讼。

他人侵犯公司合法权益，给公司造成损失的，本条第一款规定的股东可以依照前两款的规定向人民法院提起诉讼。

第 7 章

不同类型的股权激励策略

股权激励是企业管理制度的创新，用社会的财富、未来的财富、员工及企业上下游的财富在企业内外部建立一套与利益相关者共赢的机制，可以有效整合各项资源，提升企业业绩，留住核心人才，降低企业成本的现金支出，有利于企业长期目标的实现。但现实中，由于各个企业的情况不同，因此，需要针对不同的情况采取不同的策略。

7.1 企业初创阶段的股权激励策略

初创阶段的企业往往既缺人又缺钱，可为了发展存活又极其需要人才。在没有高薪的情况下要吸引并留住人才，初创企业该怎么做呢？我们推荐干股激励法。

7.1.1 七步干股激励法

干股是所有的股权激励模式中，实施最简单、对企业最安全、激励见效最快的，比较适合初创企业股本小，盈利能力欠佳的企业。

例如，方太公司就曾用干股激励（见图7-1），让全体员工共享企业成长。公司向所有两年以上工龄的员工赠送"干股"，规定次年分红两次。享有"干股"的职工不需要投资入股，企业根据个人岗位、职级、绩效、出勤、贡献大小等因素，同时兼顾团队的业绩利润和企业的整体业绩利润，确定每位员工获得的干股数量，员工依据自己持有"股份"的多少参与分红。

图7-1 方太官网

方太最初拿出了净利润的 5%用于干股激励,后来又将其比例上调至 10% 左右,随着公司销售利润节节攀升,员工的分红也随之增加。

我们可以通过以下几个步骤,系统制定企业初创阶段的干股激励模式 (见图 7-2)。

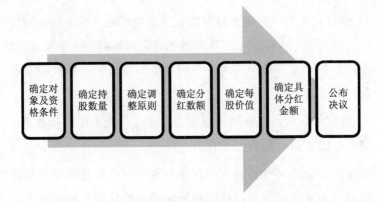

图 7-2 干股激励的步骤

1．确定股权激励的对象及其资格条件

首先企业要明确,本次纳入激励计划的对象是全体员工,还是部分员工。为了保证干股在精神激励方面的效果,可以只针对核心员工,让公司所有员工明确意识到,股权激励不是人人享有的福利,只有优秀人才才能享受到干股分红,它代表了一种"特权"。如果其他员工想获得这种"特权",就必须努力成长,努力工作,取得高绩效,让自己成为核心员工。

鉴于此,干股激励的对象范围及资格条件可以界定为(见表 7-1):

表 7-1 干股激励的对象范围及资格条件

激励对象	资格条件
高级管理人员	具有二年(含)以上本公司工作服务年限,担任高级管理职务或有高级职称的核心管理层,如 CEO、董事长、总经理等
中层管理人员	具有二年(含)以上本公司工作服务年限,担任中层管理职务的人员,如高级监理、人力资源经理、营销总监等
骨干员工	具有一年(含)以上本公司工作服务年限,并获得 "公司优秀员工"称号,或者拥有独特专业技能、处于关键技术岗位的骨干员工,如高级工程师、高级企划、培训师、区域负责人等

2．确定激励对象的当期持股数量

我们可以把持有股权划分为岗位股、绩效股和工龄股等，根据公司具体情况划分等级，根据激励对象所处的职位、工龄长短及绩效情况，来确定其当年应持有的干股数量。

（1）确定岗位股：根据激励对象在公司内所处不同职位而设定不同股权数量。一般来说，在同一个层次的激励对象，其职位、股权可有所不同，但波动应控制在一个合理范围内。公司可先根据其所处职位确定他们的职位股基数。

（2）确定绩效股：根据股权享有者的实际个人工作绩效表现情况，年底时决定是否追加和追加多少干股。

每年年初，公司可预先确定股权享有者的年度考核绩效指标；每年年末，根据绩效实际完成情况，按比例分别确定最终增加的股权数量（增加股权数量＝本人职位股基数×绩效完成程度×50%）。另外，公司应规定一个享有干股的最低绩效完成比例限制。例如，当年绩效完成情况低于70%的人员，取消其享有当年股权激励计划的资格。

（3）确定工龄股：依据员工在本公司工作服务年限，制定工龄股分配原则，自劳动合同签订后员工实际到岗之日起算，按照满一年增加100股的标准执行。

（4）计算股权数额：将上述三类股权累加，为该激励对象当年享有的股权数额。

实践中，如遇到对公司有特别重大贡献者，其干股数量的确定也可酌情调整，由公司人力资源部门上报，交由公司最高管理层或公司薪酬考核委员会决定。

3．确定股权调整原则

企业是一个不断变化的动态体，因此股权激励计划也需要适时做出调整。由于无法准确预见企业未来的发展变化，因此可以先确定出股权数量的调整原则。

例如，随着职位和绩效等因素的变动，持有人的股权数量会发生改变。职位降低时，职位股的干股基数随之下调；绩效完成未达到考核比例，绩效股可能取消；员工工龄增加，工龄股也会相应增加。非正常离职的员工，如辞职、辞退、解约等，干股自动消失；正常离职者可以将股权按照一定比例折算为现金发放给本人，也可按照实际剩余时间，到年终分配时参与分红兑现，并按比例折算成具体分红数额。如果股权享有者在工作过程中因失误而被降级、处罚时，公司有权减少、取消其分红收益权。

根据公司经营发展状况和股权享有者的岗位变动情况，干股激励必然会面临性质转化问题，也就是说，干股持有者可以出资购买自己手中的干股，从而把干股转换为公司实股。

在转让时，公司可以考虑在购股价格可以给予一定的折扣。比如，公司规定：经干股享有者申请，可以出资购买个人持有的不低于30%的股权，将其转换为实股，公司对于购股价格给予不高于实有股权每股净资产现值的 8.5 折优惠。

4．确定分红数额

干股分红，实际上就是协议分红。因此，公司首先应该在内部建立分红基金，根据当年经营目标实际完成情况及利润大小，对照分红基金的提取计划，确定当年分红的基金规模的波动范围，落实实际提取比例和数额。

一般来说，分红基金的提取比例是按照公司上一年度奖金在公司净利润中所占比例作为参照制定的，为了体现干股的激励性，分红基金提取比例的调整系数定为 $1 \sim 1.5$。

例如，在实行干股激励制度的上一年度，公司净利润为 100 万元，上一年年终奖金总额为 5 万元，则：

首次分红基金提取比例基准＝（首次股权享有者上年年终奖金总额÷上一年公司净利润）×（$1 \sim 1.5$）

＝（5÷100）×（$1 \sim 1.5$）=5%×（$1 \sim 1.5$）

则最高线：5%×1.5＝7.5%

中间线：5%×1.3＝6.5%

最低线：5%×1.0＝5%

而首次分红基金＝股权激励制度的当年公司目标利润（例如 150 万元）×首次分红基金提取比例，分别对应如下：

最高线：150×7.5%＝11.25万元

中间线：150×6.5%＝9.75万元

最低线：150×5%＝7.5万元

实际操作中，公司本着调剂丰歉、平衡收入的原则，可以在企业内部实行当期分红和延期分红相结合的基金分配原则，这样可以有效地减少经营的波动性对分红基金数额变动所带来的影响。

假设公司当年分红基金数额为11.25万元，其将当年分红基金的80%用于当年分红兑现；当年分红基金的20%结转下一年，累加到下一年提取的分红基金；以后每年都按照这个比例滚动分红基金。

5. 确定干股的每股现金价值

确定完分红额度后，公司可以按照以下公式计算出干股股权每股现金价值：

干股每股现金价值＝当年实际参与分配的分红基金规模÷实际参与分红的虚拟股权总数。

例如，当年参与分红的股权总数是10万股，当年分红基金数额为11.25万元，根据公式，其当年干股每股现金价值＝112 500÷100 000股＝1.125元/股。

6. 确定每个干股持有者的具体分红办法和当年分红现金数额

将每股现金价值乘以股权享有者持有的股权数量，就可以得到每一个股权享有者当年的分红现金数额。例如，某员工持有的股权总数为2 000股，则其当年可得到的分红数额为1.125元/股×2 000股＝2 250元。

为了保证分红收益波动不至于过大，公司可以执行滚动分配原则，当年分红兑现＝当年分红收益×85%，剩余15%结转下一年。例如，某员工当年分红收益为2 250元，按照滚动分配原则，当年可兑现收益为2 250×85%＝1 912.5元，剩余337.5结转下一年参与分配。若下年分红收益为3 000元，则下一年分红兑现为（3 000+337.5）×0.85＝2 836.88元。

7. 公布实施股权激励计划的决议

在确定要实施干股激励制度之后，公司管理层应在公司内部公布实施该激励制度的决议，并向员工详细讲解股权激励计划的获授原则、实施流程、意义与后果，使员工心知肚明，打消各种疑虑，提高参与的积极性，使股权激励计划行之有效，达到双赢的局面。

7.1.2 股权激励方案设计

考虑到初创企业的特殊性，我们对其股权激励方案设计，提出以下建议（见图 7-3）。

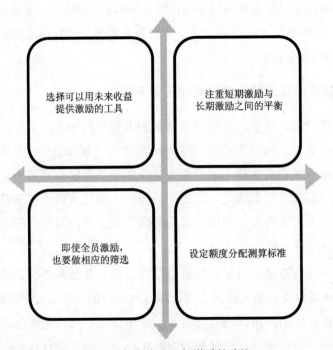

图 7-3 初创企业股权激励的建议

1. 选择可以用未来收益提供激励的工具

初创企业现金流不足，又容易面临融资困难、短期内无法盈利的局面，因此，在选择股权激励模式上需要考虑到这一特征。最好选择可以用未来的收入及未来的升值空间来换取眼前的激励效果的模式，比如干股、虚拟股权等；另外，期权和限制性股份这两个工具不需要公司有现金支出，也比较适合处在初创阶段的企业，特别是股份期权，相比于限制性股份，在激励收益上只是未来的增值权，更加适用于那些盈利模式不清晰或尚未成形、短期内看不到收益的互联网创业企业。

2．注重短期激励与长期激励之间的平衡

初创企业，一方面要解决资金问题，另一方面又要留住核心人才，稳定创业团队，股权激励是最佳的工具。即便是对公司的未来前景抱着美好期待的员工也希望能够有稳定的即期收入，以便解决眼前的物质需求。因此，股权激励只有在短期和长期激励之间取得平衡，才能发挥效果，且不可用股权激励来代替员工的即期收入。

通常情况下，激励对象可获得的股份期权是底薪的 1～2 倍，高科技企业可以扩大 3～5 倍，互联网创业企业的基本薪酬与股权激励额度的比例在 3～5 倍之间比较常见。

3．即使全员激励，也要做相应的筛选

在初创阶段，企业人员较少且都是创业艰苦期加入的员工，应当给予股权激励，另外，初创企业股权结构相对简单，束缚较少，只要创始人团队达成一致意见即可实施，因此初创企业做全员激励有天然的优势，效果也比较好。但需要注意的是，即使全员激励，也应该做必要的筛选，而且这一点也应该让所有员工知道，避免形成不切实际的预期，同时有利于激励员工展现出真正的能力与态度。

具体到如何筛选，首先可以设定基础条件、业绩条件与素质条件。例如，将基础条件设定为无违规行为，即违规处理期内不得授予股权或期权，具体的违规行为由公司管理层在员工手册中细化；其次是价值观与公司发展方向吻合，这一点可以通过管理层面试评估的形式进行判断；最后是要满足任职年限，可以根据情况设置半年或一年的任职期限。

业绩条件与素质条件的筛选则通过素质模型评价与业绩评价的形式开展，将所有人员纳入评价模型，将能力与业绩都表现较差的那一小部分人员排除激励范围，详见 4.2.1 节和 4.7.2 节。

4．设定额度分配测算标准

很多初创企业的创始人为吸引高价值人才，在没有进行测算的情况下，招人时给出大比例的股权承诺，使激励对象期待过高。一旦不能兑现承诺，则会降低创始人在员工中的公信力，影响后期股权激励计划的执行；而如

果兑现承诺，可能会对企业的股权结构、控制权造成较大的影响。因此，事先设定额度分配是需要关注的一个问题。分配不均容易削弱激励效果，甚至造成负面影响。

对股权激励的额度分配进行综合测算，测算标准包括激励对象所处岗位等级、岗位的价值、激励对象的能力素质水平及其业绩水平。

例如，以 A 公司为例，在岗位等级方面，按照公司人力资本结构，划分为五个等级（见表 7-2），每一个等级都被赋予特定的期权分配等级系数，以体现出不同等级对于公司的价值。

表 7-2　A 公司的岗位等级分配表

岗位等级	分配系数
N10	1.1
N9	1
N8	0.8
N7	0.6
N6	0.5

对于等级较低的员工还应有工作年限的要求，为股权激励设置一定的时间门槛。

在岗位价值方面，结合公司的业务模式及未来发展方向，将岗位分为业务类、技术类、营销类及职能类，由公司管理层分别赋予不同类别岗位权重系数，对应不同类别岗位的期权分配系数（见表 7-3）。

表 7-3　岗位价值分配系数

等级	分配系数
业务类	1.1
技术类	1.1
营销类	1
职能类	0.8

在综合评价方面，利用业绩与能力的评价结果作为赋予股权分配系数的依据之一。但考虑到初创企业的员工往往加入时间不长，综合评价的参

考意义要大于区分的意义。所以，除了综合评价最低的少数人被排除在股权激励对象之外，只对综合评价最突出的少数人赋予较高的股权分配系数。其他大部分员工赋予相同的综合评价系数（见表7-4）。

表7-4 综合评价分配系数

等级	分配系数
评价突出者	1.5
其他	0.5

比如，员工甲的岗位等级分配系数为1，岗位价值分配系数为1.1，综合评价分配系数为0.5，岗位等级、岗位价值、综合评价的所占权重分别为40%、40%、30%，则该员工的个人分配系数为 40%×1+40%×1.1+30%×0.5=0.99，如果该公司当年股权激励总额度为100万股，总分配系数为6，则该员工当年获授额度为100×0.99/6=16.5万股。

7.2 企业成长阶段的股权激励

成长型企业一般是指公司初具规模、存在间接管理的公司。单是靠老板自己一个人是很难管理整个公司的，因此需要设置职能部门，形成自上而下的管理方式。在这个过程中，股权激励就非常重要。因为随着间接管理越来越多，公司整体的运营效率也在不断下降，各部门之间的互相推诿、权责不分的情况也越来越严重。为了避免这些情况，稳定人心，股权激励就成为了不得不进行的事宜。那么，成长型企业的股权激励方案应该如何设计呢？可以参照以下方式。

7.2.1 正确设定成长型公司股权激励方案目的

处于成长型的企业进行股权激励，一定要把握好以下原则：

第一，不能把股权激励当作为员工谋福利。A公司准备在新三板挂牌，该公司有三个股东，考虑到挂牌后的股份增值效应，该公司的三个股东决定为员工谋福利，因此在改制过程中让40位员工入股。但刚挂牌成功就有个别小股东要求公司主动收购自己的股份。但是《公司法》规定："有限责任公司变更为股份有限公司后一年内，发起人不得转让股份。"这些员工是在改制时入股的，都属于发起人所以无法立即转让股份。此事造成了公司极大的不稳定性。

该公司的错误就是把股权激励当作为公司谋福利，利益均沾，鼓励大家入股，因为一些员工缺乏对股权激励的正确认识，从而给公司造成了负面影响，也给股权激励的实施造成了巨大阻碍。提高员工福利可以从其他方面入手，但是股权激励是一种长期激励，是为了吸引和留住优秀人才而设置的。

第二，股权激励不是筹资。不少公司在发展过程中会有持续的现金冲入，在对外融资有限的情况下，会借股权激励之名筹集现金。为了提高员工的入股热情，设置的对价形同虚设，即按公司正常的发展就能实现，对于提高员工工作积极性，加大公司业绩没有丝毫帮助。

第三，股权激励不能代替公司管理制度。一些公司为了规范公司管理实施了股权激励。认为实施了股权激励员工就能主动工作，但是大多数都是以失败告终的。因为股权激励不能等同于公司管理制度和与绩效考核，它是需要一套严格的公司管理制度与绩效考核体系作为支撑。公司管理制度是根据自身情况不断构建与完善，是任何方式都无法取代的，股权激励只能是它的一个重要补充，协同发挥作用。

7.2.2 建立动态股权激励模式

多年来，成长型公司实施股权激励的比重非常低，其根本原因是成长型公司大多采用缺乏持续性、变动性的静态股权激励，导致股权激励失败。其实是因为没有找到好的方式。

股权激励可选择的模式有很多种，但是成长型公司还是要根据自身情况来选择适合自己的股权激励模式，最好的方式就是建立动态股权激励。如此，公司就可以根据员工当年的业绩贡献为其安排相应数量的激励性资本回报，业绩越好回报越大，反之亦然。员工获得了高回报时，公司也因为员工的付出而得到了高回报，好的业绩对于成长型的公司来说是至关重要的。

动态股权激励是指在股份有限公司中，以公司经营者和经营、管理、销售、技术等关键岗位的人员为主要对象，将公司当年新增或则减少净资产后部分按照贡献分配股权为主要形式。实行按劳、按贡献、按资本分配的"三位一体"的分配机制和竞争上岗的用工机制。如此，公司即可形成强有力的激励、约束以及竞争机制，帮助成长型公司实现保值、增值的目的。

但是，成长型公司建立动态股权激励需要以下条件：

第一，有强有力的工作机构。一般情况下，需要成立董事会领导下的股权激励工作小组，成员组成情况由下列人员任命：公司股东、董事、监事、公司管理人员。

第二，有核心竞争力。公司必须具备以下几项：（1）有一项发展前景广阔的主营业务；（2）拥有自主知识产权产品的研发、生产能力；（3）人才储备完善，且对公司发展战略高度认同，并自愿与公司共担风险。

第三，有严谨合法的股权激励管理制度。《公司股权激励管理制度》是全面规定公司股权激励各项重要规则的"根本大法"，起着统帅全局的作用。除了制定该制度，更要严格执行该制度，如此才能发挥应有的效果。其执行时需注意以下三点：

（1）精确考核员工的业绩贡献；

（2）签订合约后，按照相关约定及时兑现激励性股权和红利；

（3）规范公司治理，保证激励对象的权利。

7.3 亏损企业的股权激励方法

亏损企业往往希望通过股权激励来提升业绩，扭转亏损局面，到底要怎么做呢？我们以一个连锁超市为例来说明其激励方法。

B 公司是一家综合超市，总部位于北京。前期，公司发展迅速，销售额逐年攀升，公司也因此在全国开出 20 多家连锁门店。

可是后来，随着竞争的加剧和管理的疏忽，平均每家门店的净利润反而越来越低，特别是位于外省的不少门店，亏损现象十分严重。

基于这种现象，B 公司考虑实行股权激励方案，以解决目前面临的亏损问题。

首先，对亏损门店进行干股激励：凡是亏损的门店，如果来年亏损额度缩小，公司将拿出缩小总额的 30% 的钱分给下面经营管理团队，奖励他们为企业做出的贡献。比如，2014 年门店亏损 40 万元，2015 年亏损 10 万元，那么公司就拿出（40-10）×30%=9 万元，奖励该门店的管理团队。

对于那些有利润的门店，公司拿出利润增加额的 20%奖励门店管理团队，比如门店 2015 年利润是 15 万元，2016 年利润为 35 万元，那么该门店管理团队将获得（35-15）×20%=4 万元。

对于那些将亏损门店做成盈利的经营团队，公司除了拿出亏损金额的 30%的钱奖励经营管理团队，同时还将该门店的部分净利润分给经营管理团队。

经过第一期股权激励后，亏损门店逐步减少，公司接着推出二期激励计划。

第一年的股权激励是在公司亏损严重的情况下做出的，激励的是增加额，对于那些本来利润就很高，增加额较难大幅度提升的门店，似乎显得有些不公平。为此，可以决定从下一年利润中抽取 5%奖励门店管理团队。这样，经营团队不仅能够获得门店利润增长带来分红收益，还可以获得公司总利润的分红收益。

假如门店 2014 年利润 40 万元，2015 年利润为 60 万元，那么该门店的经营团队可以获得 4+（60-9）×5%=6.55 万元的收益。这样一来，不仅能促进各个门店业务的发展，而且可以保证员工获得最大经济收益，进一步激励团队为公司创造更高利润。

7.4　企业不同职位的股权激励策略

企业的高层管理人员参与企业管理和重大决策的制定，高层管理人员的素质能力关乎企业的兴衰成败，因此对高层管理人员的激励往往是企业股权激励工作的核心。

如何对新进高管进行激励是企业管理的难点。因为公司还未完全掌握新进高管的基本情况，也无法考核他的能力和品德，如果一开始就对其实行期股或期权激励，待日后发现他的能力欠佳或者品德有问题，将会给公司带来隐患；但如果不对新来的高管实行股权激励，又有可能带来另外一个问题：优秀人才流失，或者无法充分展示其才能。到底该怎么做呢？

首先，我们必须把握一个原则，股权激励是一个循序渐进的过程，而不是一蹴而就的工具，在此原则基础上，可制定如下方案（见图7-4）。

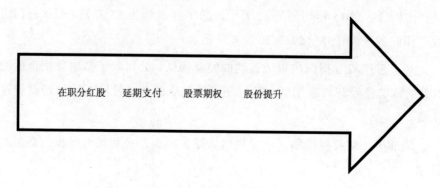

在职分红股　　延期支付　　股票期权　　股份提升

图 7-4　新进高管的激励方法

1．在职分红股激励

对新来的高管，可以实行分红股激励，制定相关考核标准，在考核完成后，再考虑将其分红股转化为期股、期权或者业绩股份等。

例如，A公司新招聘一个业务部经理，负责公司华北地区的所有业务。那么，我们以公司华北区的业绩为标的，建立相应考核指标，然后以考核指标分数作为参考依据，授予相应的分红股，年底参与分红。

假如公司2016年华北区的业绩是500万元，2015年业绩是450万元，2017年的目标是550万元。根据业绩完成情况，公司给予不同奖励（见表7-5）。

表 7-5　业绩分红表

业绩完成情况（n）	分红比例
n<业绩目标的80%	0
业绩目标的80%≤n<业绩目标的90%	公司总利润的8%
业绩目标的90%≤n<业绩目标的100%	公司总利润的9%
业绩目标的100%≤n<业绩目标的110%	公司总利润的10%
业绩目标的110%≤n<业绩目标的120%	公司总利润的11%
n≥业绩目标的120%	公司总利润的12%

假如该经理今年完成业绩 600 万元，公司利润为 100 万元。那么，年底就可以分到 10 万元的利润分红。在这种动力下，该经理会努力提升区域销售业绩，以确保获得更多收益，但如果中途离开，便意味着放弃全部分红收益，归公司所有。考虑上述原因，该经理不会轻易离开。最终，公司保留了人才，也提升了业绩。

在完成一年的分红股后，公司可以对其做一个全面的评估，考虑是否对其实行期股或期权激励，以进一步强化激励效应。

2．延期支付

有时高管一旦拿了分红收益，可能会离职走人，给公司带来损失，因此可以在做分红股激励之前，加一个延迟支付锁定条款。比如规定如下：年底获得的红利，分三年派发，第一年派发 60%，第二年、第三年各派发剩余的 20%。前述案例中的经理如果 2013 年有 10 万元收益，到了第二年可以先拿到 6 万元，第三年、第四年再拿到剩下的 4 万元。如果中途离开，便意味着放弃部分收益。

3．股票期权

在实行完一年的分红股激励后，公司也对新进高管有了一个大致了解，如果认为各方面都不错，也认为该经理值得拥有公司实股，那么，公司可以对其实行期权激励。比如，2014 年，公司和该经理约定，如果他在 2014 年完成相关业绩指标，达到考核标准，可以以 1 股 1 元钱的价格购买公司10 万股的股份，当然也可以选择放弃认购。

截至 2014 年年底，该经理完成了指标，公司价值提升，发展良好，公司股价也上涨到了每股 1.5 元。此时，他有权选择以每股 1 元的价格购买该分公司 10 万股，如果购进后出售，该经理便净赚 5 万元。当然，需要考虑有关限制性条款，诸如一年之内不得出售等。

获授期权后，只要该高管努力提升公司整体价值，完成相关绩效指标，便意味着将来会获得更高的收益，这在一定程度上又激发了努力工作的热情。

4．股份提升

到了后期，综合评定该高管的表现，及公司战略发展需求，可以考虑职位晋升，同时，为了体现价值同等原则，股份比例也应做相应调整，让其持有更多股份，进而为公司的整体利益尽心尽力。一旦公司获得风险投资资金或者上市，股份便出现一个更高的溢价空间。此时，公司溢价带来的收益是无法想象的，股权的财富效应也会在此得到彰显。

7.5　企业不同员工的股权激励策略

企业的发展离不开员工，就好比大树离不开土壤、花朵离不开阳光一样，如果把企业比作航行在大海上的一艘军舰，那么员工就是这艘军舰的动力系统，股权激励的目的就是让动力系统自动运转的动力能源。正是因为这种关系，我们需要针对不同员工，采取不同策略。

在此，我们将企业中需要做股权激励的员工划分为三种（见图7-5）。

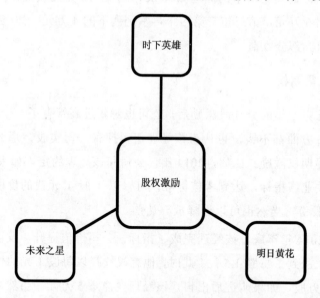

图7-5　需要做股权激励的三种员工

第一种是时下英雄，也就是公司当下的顶梁柱，推动企业发展的主力军，他们在企业中发挥着核心功能的作用，是创造价值的来源；

第二种是未来之星，目前虽然还不能像时下英雄那样挑大梁，创造更多的价值，成为公司利润的主要贡献者，但是将来会为企业带来收益，创造辉煌，是公司未来发展的必备人才、后备梯队人选；

第三种是明日黄花，他们曾经为公司立下汗马功劳，但如今因为种种原因，在自己的岗位无法再为公司创造更高的价值，同时也阻碍了新人的晋升通道，企业需要想办法让他们平稳地退下来。

针对以上三种人，企业应该考虑激励目的、人群属性，选择合适的激励方式。

7.5.1　时下英雄——金手铐

"金手铐"有两层含义，一是"金"制的，表示很贵重，是指公司利用股票期权、奖金红利等预期收入手段留住企业人才，建立高管与股东之间的利益共享平台，确保企业的可持续健康发展，也就是说，"金手铐"首先是为企业发展战略服务的；二是"手铐"，而不是金砖，意味着激励对象不可能拿了就能走人，激励是有限制性条件的。

对于时下英雄，企业做股权激励的目的就是激发他们的动力，并留住这些核心人才。可以考虑使用期权、期股、业绩股票、干股、虚拟股权等模式，最大限度地激发他们的潜能，为企业创造价值。

例如，采用期权模式，赋予经营者以约定的价格和时间购买公司股份的权利。由于角色的转变，员工认识到自己的工作表现直接影响到股票的价值，会更加努力工作提升公司业绩，进而使公司资产增值，每股价值增长，从而在行权时获得更大的回报。

非上市公司虽然没有流通股，但是股份价格受外界因素的影响较小，往往更能真实反映公司价值，更适合期权模式。如果激励对象通过努力提升公司股价后，就可以选择出售股票期权，直接获得升值收益。如果公司股价没有提升，激励对象也可以选择放弃。对于激励对象而言，基本上是稳赚不赔。

考虑到时下英雄对公司发展的重要性，期权激励有必要对行权条件做出限制，比如，承诺服务期不少于几年、辞职离开则无法兑现等。

7.5.2　未来之星——金台阶

未来之星，他们当下还不是公司的核心骨干，但是他们后劲十足，具备发展潜能和敢打敢拼的精神。不久的将来，将在公司发展中发挥重要的作用，所以公司需要做的就是为他们提供晋升的通道，制订相应的激励计划。

对于未来之星，比较好的激励方式就是干股激励，待未来他们在公司开始发挥顶梁柱作用后，可以考虑将干股转化为公司的实股。

干股获得者只有分红权，没有所有权、增值权，是一种虚拟的股份。它很好地解决了委托代理关系的两权分立的矛盾，将人力资源的收益与公司的经营成果直接联系，有利于调动积极性，激发创造性。

比如销售部门的业务骨干小王，工作努力，业绩显著。公司升他为业务部门经理后，对其进行了干股激励，具体规定如下：如果2014年带领部门人员实现800万元的销售额，利润达到200万元，小王可以获得利润额的10%的分红。具体分红比例如下（见表7-6）：

表7-6　具体分红比例

完成利润（n）	小张分红
n≥250万元	利润总额的12%
220万元≤n<250万元	利润总额的11%
200万元≤n<220万元	利润总额的10%
180万元≤n<200万元	利润总额的9%
160万元≤n<180万元	利润总额的8%
n<160万元	无

在这种激励方式下，小王要想获得更多的回报，就必须努力提升业绩，降低成本，从而提升公司的利润水平。但采用这种激励方式，目标的设定非常重要，必须是在公司和激励对象双方都可以接受的范围内，否则会影响激励效果。

7.5.3　明日黄花——金色降落伞

对于明日黄花，股权激励的核心目的并不是想让他们再为公司创造多高的业绩，而是希望通过一种激励方式让他们平稳、满意地退下来，为新人提供一个施展才华的空间，类似于宋太祖赵匡胤杯酒释兵权，剥夺"老臣"的权力，同时又让这些"功臣"老有所依，无后顾之忧。

对明日黄花的激励，应该是奖励重于激励，一方面让他们"让位"，另一方面也给其他人树立了一个榜样。当然，也可以继续在岗位上发挥余热，帮助新人成长。

因此，对待明日黄花的激励，限制性股票是一种很好的激励方式。

限制性股票是指公司按照预先确定的条件授予激励对象一定数量的本公司股票，但激励对象不得随意处置股票，只有在规定的服务期限后或完成特定业绩目标时，才可出售限制性股票并从中获益。否则，公司有权将免费赠与的限制性股票收回或以激励对象购买时的价格回购。也就是说，公司将一定数量的限制性股票无偿赠与或以较低价格售予公司激励对象，但对其出售这种股票的权利进行限制。

对于非上市企业来说，这种方式叫作限制性股份，将公司的资本均分，每一份代表一定的资本额，获授的激励对象需要为公司的发展而服务，将更多的时间和精力投入公司的长期战略目标中。

同时，限制性股份有禁售期，在禁售期限到期或行权授予之前，如果激励对象离开企业，限制性股票也会作废，且在未授予之前不能出售转让限制性股份。如果限制性股份是公司无偿赠与的，则公司无偿收回，如果是折价出售给经理人的，公司以原来折扣价进行回购。

限制性股票可以将竞业禁止条款作为限制条件，有效约束昨日黄花的行为，避免他们到竞争对手处工作，泄露公司机密，损害公司利益。同时，因为他们持有股份，所以仍然会关心公司的发展，尽心尽职辅导帮助新人，进而提升公司价值。

7.6　不同类型企业不同股权激励方式

不少公司创始人认为，股权激励是一种通用的套路，找一个模板，套用即可。抱有这种想法的公司基本上股权激励都失败了。因为每个公司都有自己的特点，即使股权激励在大方面可以学习他人，但是一些细节却要结合自身情况。正所谓"细节决定成败"，关不关这些细节决定了股权激励的结果。而不同类型企业采取不同的股权激励方式，正是其中最需要重点关注的细节之一。

7.6.1 生产型公司股权激励

生产型公司股权激励的要点包括以下几个方面：

1. 正确评估股权激励核算的资产

对股权资产额进行核算并进行正确的评估是做好生产型公司股权激励的起点。其内容主要是确定资产边界、剥离无关资产，实现员工权利与义务对等，同时保证员工有能力参与到股权激励中。

因为生产型公司前期投入的资金基本上是在土地、厂房这些基础性资产上，属于重资产的公司。而这种类型的公司净资产规模较大，如果员工按照这个标准入股，那么成本太过高昂，一般员工负担不起。

此外，土地与厂房等资源虽然与生产经营联系紧密，但是土地增值、厂房租金等收入与员工的劳动付出并没有什么联系，因此不宜作为股权激励来源。

2. 做好剥离资产工作

资产剥离工作可以分为以下两个步骤：

第一，统计公司总资产，最好每项资产都能精确的进行统计，如果不能，则要按照市场估价进行统计。如此就能把与经激励对象经营无关的资产剥离开来。

第二，对于公司设备，应以会计处理规则为依据，计算闲置设备资产，而关于土地、厂房等大额资产，则应该根据激励对象的出资能力，采用租借方或直接计入核算资产的方式。

3. 统一持股，降低分层持股造成的负面影响

不少公司采用了分层持股，虽然它在公司走多元化道路时能够针对不同业务板块有效发挥作用，但未上市公司且是生产型的公司的业务通常只专注于某一领域或少数几个相关领域，因此更适合采用统一持股方式。此外，生产型企业经营环节较多，分层持股很容易造成管理混乱，且存在退出难的问题，很容易造成下层持股员工与公司的对抗。需要注意的是，统一持股最好是在公司之上建立合乎规范的持股平台，激励对象在持股平台统一持股，间接持有公司股权。

4．选择适合公司的利润核算方式

利润核算是非常重要的，对股权激励效果有直接的影响。因为股权的分红和增值与公司的利润密不可分。因此，公司要根据自身特点，选择恰当的核算方式。一般可采取以下方式（见图7-6）。

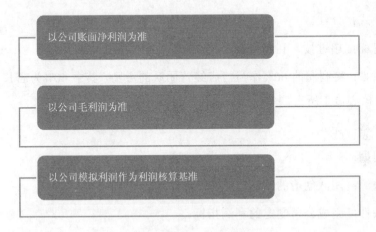

以公司账面净利润为准

以公司毛利润为准

以公司模拟利润作为利润核算基准

图 7-6　三种利润核算方式

5．上下游持股要团结一致

生产型企业的股权激励，上游供应商与下游经销商的主要人员也是股权激励的重要对象。但是如果没有共同利益驱使，上下游公司只会从自身角度考虑，从而损害生产企业利益。而股权激励能够将其与生产公司的价值紧密联系到一起。

7.6.2　连锁型公司股权激励

连锁型公司一般都存在以下问题：

第一，异地管理难度大；

第二，总公司缺少制约机制，容易产生机构臃肿，滋生腐败；

第三，公司整体效率、产品质量下降；

第四，销售额增加但利润减少，甚至双双减少；

第五，核心人员流失或另立门户成为竞争对手。

面对这些问题，不少连锁型公司都采取了股权激励措施。利用这个方法成功的不少，但失败的也不少，而失败者则是因为没有找到适合连锁型

公司的股权激励方式。其实可以参照以下的方案。

方式：超额利润分红。

目的：降低核心人员流失，稳定内部团队；优化内部流程，提高效率。

对象：店长、副店长、核心员工。

模式：分红。

目标：超过技术利润值。

数量：将利润的 60%作为门店经营团队的激励，其中 40%为店长所有，20%为核心员工所有。

价格：无。

周期：3 年

来源：团队创造的利润。

条件：完成公司制定的利润指标。

退出：按照分红股退出机制。

第 8 章

股权激励的注意事项

股权激励是一种有效的人才激励手段，但股权激励也是一把双刃剑，用得好，双方得利；用不好，伤人伤己。那么，怎样才能让这柄"双刃剑"为其所用，发挥最大效应呢？我们来看看股权激励中要注意的几个事项。

8.1　股权激励的法律风险

非上市公司的股权激励的法律风险主要有以下几个方面（见图 8-1）。

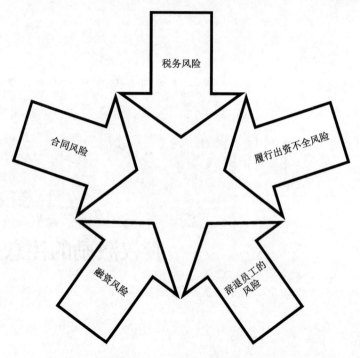

图 8-1　股权激励的风险

1. 合同风险

股权激励方案的实施要签订书面合同，不能以公布实施方案及对象口头约定，或以劳动合同替代股权激励合同。为了避免纠纷，应在合同中细化各项条款。

中关村在线（ZOL）就是一个反面例子，为了稳定军心和留住骨干员工，公司与技术人员签订《劳动合同》，约定"乙方工作满 12 个月后可以获得甲方分配的股权 8 万股。"

但所谓的"8 万股"到底是公司总股本的多少？占公司总股本的比例多大？该比例对应有多少权益，权益价值按净资产还是市值核定？获得权益的对价是多少？凡上述疑问，合同都没有明确约定，最终产生纠纷，诉诸法律。

另外，若涉及知识产权、专有技术等，与员工签订股权激励协议时，还应该约定保密条款或附加承诺函，防止激励对象泄露公司信息。

2．融资风险

若公司已经进行融资或正在进行融资谈判，企业应处理好下面四个问题。

（1）向投资人披露股权激励计划；

（2）检查当时签订的融资协议，是否对股权激励的比例有所限制；

（3）检查融资协议对股权激励方式（如增资、代持转让等）是否有限制；

（4）若融资协议对激励方式没有限制，采用增资形式的，则增资的对价不得低于投资人的对价，除非融资协议对股权激励另有约定（一般融资协议都要求后一轮的融资价格不得低于上一轮）。

若上述四个问题没有处理好，实施股权激励可能与融资协议相冲突，投资人可追究公司创始股东的违约责任。

3．辞退员工风险

根据《劳动合同法》的规定，只有在两种情况下用人单位可以与劳动者约定违约金：一是用人单位为劳动者提供费用进行专业技术培训并约定服务期限，如果劳动者违反服务期约定，应当按照约定向用人单位支付违约金，违约金的数额不得超过用人单位所支付的培训费用；二是如果劳动者违反与用人单位达成的竞业限制约定，应当按照约定向用人单位支付违约金。除了前述两种法定情形之外，用人单位不得与劳动者约定由劳动者承担违约金。

实施股权激励一般都会要求员工出具承诺函，承诺一定期间内不得离职，否则公司有权要求离职者支付违约金。

2015 年 1 月，持续两年有余的富安娜天价股权激励索赔系列案"落槌"

（见图8-2），作为原告的富安娜公司大获全胜，16名离职骨干员工将赔偿老东家富安娜3 230.520 54万元及相应的利息。此前，该系列案的首案已于2013年12月结案，被告曹琳被判支付富安娜违约金189.885 696万元及相应的利息。

图8-2　富安娜官网

2007年6月，富安娜制订限制性股票激励计划，以定向增发的方式，向激励对象发行700万股限制性股票，用于激励高管及主要业务骨干。

2008年3月，为了配合IPO进程，富安娜终止上述计划，并将所有限制性股票转换为无限制性的普通股。同时，与持有原始股的余松恩、周西川、陈瑾、吴滔、曹琳等人协商签署了《承诺函》。双方在《承诺函》中约定：持有原始股的员工"自承诺函签署日至公司上市之日起三年内，不以书面的形式向公司提出辞职、不连续旷工超过七日、不发生侵占公司资产并导致公司利益受损的行为，若违反上述承诺，自愿承担对公司的违约责任并向公司支付违约金。"

2008年7月至2009年9月，余松恩、周西川等部分非创业股东在持有富安娜原始股的情况下，先后向富安娜提出辞职申请，并跳槽至富安娜主要竞争对手之一的水星家纺。这为"天价"股权激励索赔系列案埋下了伏笔。

2012年12月26日，已在深圳中小板上市近3年的富安娜，对余松恩、周西川、陈瑾、吴滔、曹琳等26名自然人股东就《承诺函》违约金纠纷一事，向南山区人民法院提起民事诉讼，要求判令 26 名被告分别赔偿违约金，累计达 8 121.67 万元。

最终，法院裁定承诺函不违反公平原则，合法有效，判决上述自然人股东向富安娜支付违约金。

富安娜一案为业界和雇主们树立了积极的榜样，可以说给实施股权激励机制的公司做了一个很好的示范，也给已经做出类似违约行为和背信行为冲动的股权激励对象敲响了警钟。

4. 创始股东未履行出资的风险

实施股权激励后，若激励对象得到的是实股，则成为公司的股东，获得与创始股东平等的法律地位，对于未按期履行出资义务的创始股东，激励对象可以创始股东未缴足出资为由，向其主张违约责任。因此，创始人应在实施股权激励计划前弥补出资瑕疵。

5. 税务风险

根据《股权转让所得个人所得税管理办法（试行）》规定，股权转让收入应当按照公平交易原则确定，申报的股权转让收入明显偏低且无正当理由的，主管税务机关可以核定股权转让收入。6 个月内再次发生股权转让且被投资企业净资产未发生重大变化的，主管税务机关可参照上一次股权转让时被投资企业的资产评估报告核定此次的股权转让收入。

因此，若以股权转让的方式进行实股激励，转让对价若低于转让标的股权对应的公司净资产，将可能面临被税务机关重新核定转让收入，以调高所得税纳税基数的风险。

针对以上风险，建议在进行股权激励时，公司应该真实履行做出的股权授予承诺，同时建议在给予劳动者股权激励之时最好约定完善的行权条件及特殊情形下的处理，预防员工拿到股权后就离开公司的风险，给公司的经营带来不利影响；为了防止出现退出纠纷，还应该明确回购条款。

8.2　股权激励要避免的几个误区

作为创新商业模式、凝聚团队人心、提升员工士气的重要方法，股权激励越来越受到企业的重视，成为企业转型升级促发展的利器。但其效果的发挥依赖多种因素，在实行中也存在一些比较常见的误区，如不能规避，轻者弱化激励效果，重者甚至导致企业人心涣散。

因此，企业在制订激励计划时要避免以下几个误区（见图8-3）。

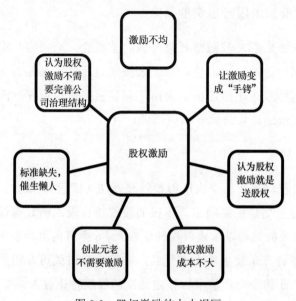

图8-3　股权激励的七大误区

1. 认为股权激励不需要完善公司治理结构

完善的公司治理结构是企业推行股权激励的前提条件，而不是相反。一个治理结构不完善的企业若贸然实施股权激励方案，甚至会引发企业生存危机。

例如，2001年爆发的安然公司丑闻便是因为该公司的治理结构存在问题，各个要素之间不能发挥相互制衡的作用，最终使董事会的地位和作用被大大弱化，企业CEO和职业经理人的权力异常放大，公司高管利用业绩上的造假，不断行使他们手中的期权，使公司沦为高管人员巧取豪夺的逐利场，最终以破产收场。

完善的公司治理结构包含两个层面的意思。形式上，公司的法人治理结构应该包含这些要素：股东大会、董事会、监事会、经理层、职工大会等；实质上，上述要素以合约关系为纽带，应各司其职，互为制衡。这样公司建立的激励机制才能与之配套使用。

2．激励不均

有些时候，激励模式选用错误或额度分配不均，可能会出现这样的情形：员工自认为干得不错，但是获得股份之后一合计，还没有竞争对手给得多，索性选择辞职。因此，在制订股权激励计划时，一定要考虑市场中人力资本价值及竞争对手的状况，在不同阶段使用不同的激励方案，根据员工价值的增长，适时调整授予额度。

3．让激励变成"手铐"

股权激励只是手段，其目的还是要留住人才，创造价值。因此，激励应该让员工获得"主人翁"的感觉，促使他们关心公司，对公司发展做出长期承诺并积极付诸行动。所以在机制设计上，切忌把激励搞成纯粹的绑定，让激励对象感觉像戴上"手铐"，行动不便。

比如，有的企业的管理者，为了留住核心人才，让员工花很多钱来买股权，以为这样人才就不会轻易走了，即使走了，企业也不会在股权上吃太大亏。实际上，这样的机制却可能给激励对象造成这样一种错觉：这不是激励，不是让我获得更多收益，而是让我不能有随便"逃跑"的机会。反而生出抵触情绪，更想离开。

所以，股权激励在设计时，要考虑到员工的情绪问题。首先要有吸引力，一定是激励对象自愿的东西。在此基础上，再来考虑激励和约束的有机统一，设定一些防范条款，如规定上市前或者服务几年内，激励对象如果离职，不能私自转让股权等。当然，这个条款也不能太过苛刻。

4．认为股权激励就是送股权

股权激励是在有效的资本市场对职业经理人价值评价的基础上实施的一种激励约束手段。因此，万不可认为股权激励就是送股权，或者基于当前我国职业经理人的缺失及私人感情，而忽视对其完整的价值评估和信用检查，由此引发道德风险，给公司造成损失。

例如，经理人辞职抛股对于企业来说就是一种道德风险。一些追求短期利益的高管考虑到今后股市恢复理性时股价势必会回落，因此为避免财富缩水，不惜辞职套现，以实现自身利益的最大化，这种行为导致企业人才流失，损害股民利益，使投资者对企业的发展前景持悲观态度，影响长期战略。

5. 创业元老不需要激励

股权激励不能绝对地认为，对公司未来发展没什么重要价值的人员，就不予考虑。很多创业企业，在"打江山"时能提供的薪资待遇有限，而且失败的风险还非常大，因此，一些"元老"进入企业之初，往往在个人短期利益上做出了一定的"割舍"，更多地考虑企业未来的发展。

随着企业的不断成长，这些"元老"很可能跟不上未来的发展需要，从股权激励的目的来看，似乎他们不应该被纳入股权激励范围。但这种想法显然欠妥，容易给企业以后的股权激励计划蒙上阴影，基于企业未来发展考虑，创业"元老"也应该纳入激励范围。

6. 股权激励的成本不大

股权激励的本质是一种人力资本与资本共同参与的利益分享机制，可能导致企业财务成本增加。如果短期内激励幅度过大，会加剧资金紧张，显著降低当期的公司财务指标，导致公司业绩下滑甚至亏损，这对计划或正处在融资阶段的企业而言，无疑是不利的。

另外，考虑到通常行权价格波动不大，而公允价值会随公司价值增长而显著上升，这意味着时间越到后期行权公司所负担的成本将越高。因此，制订股权激励计划时，要考虑到激励成本对公司利润的影响。

7. 标准缺失，催生懒人

"当一天和尚撞一天钟"是我们熟知的一句谚语。有一个小和尚在一所寺院担任撞钟一职，半年下来，他觉得无聊之极，只是"做一天和尚撞一天钟"而已。有一天，住持宣布调他到后院劈柴、挑水，原因是他不能胜任撞钟一职。小和尚很不服气地问："我撞的钟难道不准时、不响亮？"

老住持耐心地告诉他："你撞的钟虽然很准时、也很响亮，但钟声空泛、疲软，没有感召力。钟声是要唤醒沉迷的众生，因此，撞出的钟声不仅要洪亮，而且要圆润、浑厚、深沉、悠远。"

其实，仔细分析这个故事，小和尚并没有犯错，错的是住持，他犯了一个常识性管理错误，"做一天和尚撞一天钟"是由于住持没有提前公布工作标准造成的。如果小和尚进入寺院的当天就明白撞钟的标准和重要性，我想他也不会因怠工而被撤职。工作标准是员工的行为指南和考核依据。缺乏工作标准，往往导致员工的努力方向与公司整体发展方向不统一，造成大量的人力和物力资源浪费。因为缺乏参照物，时间久了员工容易形成自满情绪，导致工作懈怠。制定工作标准尽量做到数字化，要与考核联系起来，注意可操作性。

特别是有些创业公司为了稳住团队，在授予员工股权之后，没有相应的约束机制和考核标准，不但起不到激励的效应，反而催生了一些懒人，影响公司士气。因此，在授予股权激励标的时，要注意股权激励人员的挑选，同时，必须辅以一定的约束机制和考核标准。

第 9 章

股权激励相关配套文件范本

9.1　股权激励计划方案范本

第一章　总则

第一条　实施虚拟期权的目的

公司依据《公司法》相关规定，引进虚拟股票期权制度，在于建立高级管理人员及技术人员的长期激励机制，吸引优秀人才，强化公司的核心竞争力和凝聚力。

第二条　实施虚拟期权的原则

1. 虚拟期权的股份由公司发起人股东提供，公司的发起人股东保证虚拟期权部分股份的稳定性，不得向任何自然人或法人、其他组织转让。

2. 本实施方案以激励高管、高级技术人员为核心，突出人力资本的价值，对一般可替换人员一般不予授予。

第三条　虚拟股票期权的有关定义

1. 虚拟股票期权：本方案中，虚拟股票期权是指公司发起人股东将其持有的股份中的一定比例的股份，集合起来授权董事会管理，该比例的股份利润分配权由受益人享有，在一定年度内用所分得的利润将配给的虚拟期权股份行权为实股的过程。

2. 虚拟股票期权的受益人：满足本方案的虚拟期权授予条件，并经公司董事会批准获得虚拟期权的人，即虚拟期权的受益人。

3. 行权：是指虚拟股票期权的持有人按本方案的有关规定，变更为公司股东的行为，行权将直接导致其权利的变更，即由享有利润分配权变更为享有公司法规定的股东的所有权利。

4. 行权期：是指本方案规定，虚拟股票期权的持有人将其持有的虚拟期权变更为实质意义上的股份的时间。

第二章　虚拟股票期权的股份来源及相关权利安排

第四条　虚拟股票期权的股份来源

虚拟股票期权的来源为公司发起人股东提供；

第五条 在虚拟期权持有人行权之前，除利润分配权外的其他权利仍为发起人股东所享有。

第六条 对受益授予虚拟期权的行为及权利由公司股东会享有，董事会根据股东会授权执行。

第三章 虚拟期权受益人的范围

第七条 本方案虚拟期权受益人范围实行按岗定人。对公司有特殊贡献但不符合本方案规定的受益人范围的，经董事会提请股东会通过，可以授予虚拟股票期权。

第八条 对本方案执行过程中因公司机构调整所发生的岗位变化，增加岗位，影响虚拟期权受益人范围的，由公司股东会予以确定，董事会执行，对裁减岗位中原有已经授予虚拟期权的人员不得取消、变更、终止。

第九条 本方案确定的受益人范围为：

1．公司高层管理人员（外部董事除外）。

2．控股子公司的高级管理人员。

3．公司高级技术人员。

第四章 虚拟股票期权的授予数量、期限及时机

第十条 虚拟期权的授予数量

1．本方案虚拟期权的拟授予总量为：＿＿＿＿，即公司注册资本的＿＿＿＿%；

2．每个受益人的授予数量不多于＿＿＿＿，具体数量由公司董事会予以确定，但应保证同一级别岗位人员授予数量的均衡。

第十一条 虚拟股票期权的授予期限

本虚拟股票期权的授予期限为六年，受益人每两年以个人被授予虚拟期权数量的三分之一进行行权。

第十二条 虚拟股票期权的授予时机

1．受益人受聘、升迁的时间作为虚拟股票期权的授予时间。受聘到应授予虚拟期权岗位后，须经过试用期考核后方能被授予虚拟股票期权，试用

期延长的，须经延长后通过考核方能被授予虚拟期权。由公司较低岗位升职到应授予虚拟股票期权岗位的，也须在该岗位试用合格后方能被授予虚拟股票期权，如果原较低岗位按本方案的规定，也被授予虚拟股票期权的，按新岗位应予授予的数量予以补足，如果公司本次实施虚拟期权的股份已经在此之前用完，则不予补足，可由董事会在下一个周期进行相应调整。

2．受益人在被授予虚拟股票期权时，享有选择权，可以拒绝接受，在下一年度如果依然符合虚拟期权的授予条件的，可以要求公司重新授予。在两个年度内，如果享有资格的受益人拒绝接受虚拟期权或者在拒绝后没有再次申请公司授予虚拟期权的，视同永远放弃被授予虚拟股票期权的资格。

第五章　虚拟股票期权的行权价格及方式

第十三条　虚拟股票期权的行权价格

行权价格按受益人被授予虚拟股票期权年度公司的相应比例的净资产价格计算，在受益人按本方案进行行权时，行权价格保持不变。

第十四条　虚拟期权的行权方式

1．本方案中，行权采用匀速行权的方式。受益人在被授予虚拟股票期权后，享有该虚拟期权的利润分配权，在每两年一次的行权期，受益人用所分得的利润进行行权，但受益人所分得的利润不直接分配给受益人，而是转给提供虚拟期权来源的原公司发起人股东，虚拟期股转变为实股，公司进行相应的工商登记变更。在进行工商登记变更前，虚拟期权持有人不享有除利润分配权外的其他权利。

2．受益人的两年的利润分配收益如果大于当年的行权价款，大于的部分不以现金的方式向受益人变现，而是暂存于公司用于受益人的下一次行权价款，六年期满后，受益人在行权后出现利润所得有剩余的，公司将以现金的形式支付给受益人。

3．受益人按本方案的约定所取得的利润分配所得，如果不足以支付当次受益人所应交纳的行权价款，受益人应采用补交现金的方式来进行行权，否则视同完全放弃行权，应行权部分虚拟期权股份无偿转归原股东所有。但对本次行权的放弃并不影响其他尚未行权部分的期权，对该部分期权，期权持有人仍可以按本方案的规定进行行权；

4．受益人按本方案的约定进行的利润分配所得，应缴纳的所得税由受益人自行承担。转让人所取得的股权转让收入应当缴纳所得税的，亦由转让人自行承担。

5．公司应保证按国家相关法律法规的要求进行利润分配，除按会计法等相关法律的规定缴纳各项税金、提取法定基金、费用后，不得另行多提基金、费用。

第六章　员工解约、辞职、离职时的虚拟期权处理

第十五条　董事会认定的有特殊贡献者，在提前离职后可以继续享有虚拟股票期权，但公司有足够证据证明虚拟股票期权的持有人在离职后、虚拟期权尚未行权前，由于其行为给公司造成损失的，或虽未给公司造成损失，但加入与公司有竞争性的公司的，公司有权中止直至取消其虚拟期权。

第十六条　未履行与公司签订的聘用合同的约定而自动离职的，终止尚未行权的虚拟股票期权。

第十七条　因公司生产经营之需要，公司提前与聘用人员解除合同的，对虚拟期权持有人尚未行权部分终止行权。

第十八条　聘用期满，虚拟期权尚未行权部分可以继续行权。

第十九条　因严重失职等非正常原因而终止聘用关系，对尚未行权部分终止行权。

第二十条　因违法犯罪被追究刑事责任的，对尚未行权部分终止行权。

第二十一条　因公司发生并购及其他公司的实际控制权、资本结构发生重大变化，原有提供虚拟期权股份部分的股东应当保证对该部分股份不予转让，保证持有人的稳定性，或者能够保证新的股东对公司虚拟期权方案执行的连续性。

第七章　虚拟股票期权的管理机构

第二十二条　虚拟股票期权的管理机构

公司董事会在获得股东会的授权后，负责虚拟股票期权的管理。其管

理工作包括向股东会报告虚拟股票期权的执行情况、与受益人签订授予虚拟股票期权协议书、发出授予通知书、虚拟股票期权调整通知书、虚拟股票期权终止通知书、设立虚拟股票期权的管理名册、拟订虚拟期权的具体行权时间、对具体受益人的授予度等。

第八章　附则

第二十三条　本方案的解释权属于公司董事会，自通过之日起生效。

第二十四条　本方案未尽事宜，由董事会制作补充方案，报股东会批准

公司盖章

　　年　月　日

9.2　股权激励计划书范本

甲方：股份有限公司

法定代表人：

注册地：

乙方：

姓名：

身份证件号码：

联系方式：

住所：

根据《中华人民共和国合同法》、《中华人民共和国公司法》、《×××公司章程》，甲乙双方就×××股权期权购买、持有、行权等有关事项达成如下协议：

第一条　甲方基本状况

甲方为公司，注册资本＿＿＿元。甲方出于对公司长期发展的考虑，为激励人才，留住人才，授权乙方在符合本协议约定条件的情况下，有权以

优惠价格认购方____%股权。

第二条　股权认购预备期

乙方对甲方上述股权的认购预备期共为两年。乙方与甲方建立劳动协议关系连续满三年并且符合本协议约定的考核标准，即开始进入认购预备期。

第三条　预备期内甲乙双方的权利

在股权预备期内，乙方不具有股东资格，也不享有相应的股东权利。但甲方同意自乙方进入股权预备期以后，让渡部分股东分红权给乙方的除外。乙方获得的分红比例为预备期满第一年享有公司____ %股东分红权，预备期第二年享有公司____ %股权分红权，具体分红时间依照《×××公司章程》及公司股东会决议、董事会决议执行。

第四条　股权认购行权期

乙方持有的股权认购权，自两年预备期满后即进入行权期。行权期限为两年。在行权期内乙方未认购甲方股权的，乙方仍然享有预备期的股权分红权，但不具有股东资格，也不享有股东其他权利。超过本协议约定的行权期乙方仍不认购股权的，乙方丧失认购权，同时也不再享受预备期的分红权待遇。

股权期权持有人的行权期为两年，受益人每一年以个人被授予股权期权数量的二分之一进行行权。

第五条　乙方的行权选择权

乙方所持有的股权认购权，在行权期间，可以选择行权，也可以选择放弃行权。甲方不得干预。

第六条　预备期及行权期的考核标准

1. 乙方被公司聘任为董事、监事和高级管理人员的，应当保证公司经营管理状况良好，每年年度净资产收益率不低于____%，每年实现净利润不少于____万元人民币。

2. 甲方对乙方的考核每年进行一次，乙方如在预备期和行权期内每年均符合考核标准，即具备行权资格。具体考核办法、程序可由甲方董事会执行。

第七条　乙方丧失行权资格的情形

在本协议约定的行权期到来之前或者乙方尚未实际行使股权认购权（包括预备期及行权期），乙方出现下列情形之一，即丧失股权行权资格：

1. 因辞职、辞退、解雇、退休、离职等原因与公司解除劳动协议关系的；

2. 丧失劳动能力或民事行为能力或者死亡的；

3. 刑事犯罪被追究刑事责任的；

4. 执行职务时，存在违反《中华人民共和国公司法》或者《×××公司章程》，损害公司利益的行为；

5. 执行职务时的错误行为，致使公司利益受到重大损失的；

6. 没有达到规定的业务指标、盈利业绩，或者经公司认定对公司亏损、经营业绩下降负有直接责任的；

7. 不符合本协议第六条约定的考核标准或者存在其他重大违反公司规章制度的行为。

第八条　行权价格

乙方同意在行权期内认购股权的，认购价格为，即每1%股权乙方须付甲方认购款人民币＿＿＿＿元。乙方每年认购股权的比例不超过为30%。

第九条　股权转让协议

乙方同意在行权期内认购股权的，甲乙双方应当签订正式的股权转让协议，乙方按本协议约定向甲方支付股权认购款后，乙方成为公司的正式股东，依法享有相应的股东权利。甲乙双方应当向工商行政管理部门办理变更登记手续，公司向乙方签发股东权利证书。

第十条　乙方转让股权的限制性规定

乙方受让甲方股权成为公司股东后，其股权转让应当遵守以下约定：

1. 乙方转让股权时，甲方股东有优先受让权；

2. 在乙方受让甲方股权后，三年内（含三年）转让该股权的，股权转让价格依照第八条执行；

3. 在乙方受让甲方股权后，三年以上转让该股权的，每 1%股权转让价格依公司上一个月财务报表中的每股净资产状况为准；

4．甲方股东接到乙方的股权转让事项书面通知之日起满三十日未答复的，视为放弃优先购买权；

5．乙方不得以任何方式将公司股权用于设定抵押、质押、担保、交换、还债。乙方股权如被人民法院依法强制执行的，参照《中华人民共和国公司法》第七十三条规定执行。

第十一条　关于聘用关系的声明

甲方与乙方签署本协议不构成甲方或公司对乙方聘用期限和聘用关系的任何承诺，公司对乙方的聘用关系仍按劳动协议的有关约定执行。

第十二条　关于免责的声明

属于下列情形之一的，甲、乙双方均不承担违约责任：

1．甲、乙双方签订本股权期权协议是依照协议签订时的国家现行政策、法律法规制定的。如果本协议履行过程中遇法律、政策等的变化致使甲方无法履行本协议的，甲方不负任何法律责任；

2．本协议约定的行权期到来之前或者乙方尚未实际行使股权认购权，甲方因破产、解散、注销、吊销营业执照等原因丧失民事主体资格或者不能继续营业的，本协议可不再履行。

第十三条　争议的解决

本协议在履行过程中如果发生任何纠纷，甲乙双方应友好协商解决，协商不成，任何一方均可向住所地的人民法院提起诉讼。

第十四条　附则

1．本协议自双方签章之日起生效。

2．本协议未尽事宜由双方另行签订补充协议，补充协议与本协议具有同等效力。

3．本协议一式两份，甲乙双方各执一份，具有同等效力。

甲方：（盖章）　　　　　　　　　　　　乙方：（签名）

年　月　日　　　　　　　　　　　　　年　月　日

9.3 公司绩效考核范本

第一章 总则

一、考核目的

为了完善公司的薪酬管理制度，客观公正地评价员工的绩效和贡献，提高工作效率，保障组织有效运行，特制定本制度。

本制度的考核结果将作为工资调整、业绩提成、任务奖金和岗位异动的参考。

二、考核范围

全体员工（进入公司不满3个月者或者未转正者不参加月度、年终考核）。

三、考核原则

1. 以客观事实为依据，以考核制度规定的内容、程序与方法为准绳；

2. 以提高员工绩效为导向，重奖轻罚；

3. 以定量的业绩为依据，客观、公平、公正；

4. 个人绩效目标与公司目标保持一致；

5. 反馈与提升的原则：即把考核的结果，及时反馈，并对完成绩效的过程进行指导。

四、考核公式及其换算比例

1. 绩效考核计算公式=KPI绩效（50%）+360度考核（30%）+个人行为鉴定20%。

2. 绩效换算比例：KPI绩效总计100分占50%；360度考核总计200分占30%；个人行为鉴定总计占20%。

五、绩效考核相关名词解释

1. 绩效考核：为了实现第一条规定的目的，以客观的事实为依据，对员工品性、业绩、能力和努力程度进行有组织的观察、分析和评价。

2. KPI（Key Performance Index）：即关键业绩指标，是通过对组织内部某一流程的输入端、输出端的关键参数进行设置、取样、计算、分析，衡量流程绩效的一种目标式量化管理指标。

3．360 度考核：是一种从不同层面的人员中收集考评信息，从多角度对员工进行综合绩效考核并提供反馈的方法，考评不仅有上级主管，还包括其他与被考评密切接触的人员。

4．个人行为鉴定：是指被考核者，在日常工作中，违反公司相关考勤、培训、工作流程等规章制度而被处罚或者有建议性提议、突出性表现而被奖励行为的结果。

第二章　考核办法及奖惩操作方法

六、绩效考核细则

1．KPI 绩效根据部门工作性质和内容制订，每个被考核人有 10 项考核内容，总分为 100 分，根据工作权重分别计分。占绩效考核总分的比例为 50%。

2．主管级以下人员，在 360 度考核中分数，为部门管理类人员的平均分。

（1）个人行为鉴定考核；

（2）个人行为鉴定考核总分为 100 分；

（3）迟到、早退一次每次扣除 2 分；

（4）旷工半天每次扣除 5 分，依此类推；

（5）忘记打卡每月 3 次以上（含），每次扣除 0.5 分；

（6）每月请事假 1 天以上（不含），每天扣除 1 分，依此类推；

（7）警告、记小过、记大过，每次分别扣除 5 分、10 分、20 分；

（8）嘉奖、记小功、记大功，每次分别奖励 10 分、20 分、40 分；

（9）提出合理化建议且被公司采纳并经实践证明确实有益者，根据实际情况给予奖励；

（10）无故不参加公司举行的会议、活动、培训者一次扣除 5 分，依此类推。

七、考核时间

1．月度考核：次月的第 1 个星期考核上一月的绩效，7 个工作日内结束。

2．年度考核：在次年1月的第2个星期考核，14个工作日内结束。

八、考核等级/比例

1．个人绩效津贴比例：

根据个人职务、职等、层级分类，参照《薪资管理办法》中的考核工资标准。

2．个人绩效津贴给付比例：

优等：当月绩效基本津贴×120%；

甲等：当月绩效基本津贴×100%

乙等：当月绩效基本津贴×90%；

丙等：当月绩效基本津贴×80%；

丁等：当月绩效基本津贴×70%。

3．个人绩效考核等级标准：

优等：当月绩效考核91分以上；

甲等：当月绩效考核80～90分；

乙等：当月绩效考核70～79分；

丙等：当月绩效考核60～69分；

丁等：当月绩效考核59分以下。

九、年度考核规定及薪资提升标准

1．年度考核是调整员工下年度工资水平，颁发年终奖金的依据。

2．进入公司不满3个月者不参加年终考核。

在公司服务满1年按考核成绩予以提薪（针对职员类），具体参考标准如下：

优等：薪资上调2级档位；

甲等：薪资上调1级档位；

乙等：薪资档位不变；

丙等：薪资下调1级档位；

丁等：解雇。

第三章　考核纪律

十、考核纪律

1．上级考核必须公正、公平、认真、负责，上级领导不负责或不负责或不公正者，一经发现将给予降职、扣除当月绩效奖或扣分处理。

2．各部门负责人要认真组织，慎重打分，凡在考核中消极应付，将给予扣分甚至扣除全月绩效和岗位津贴。

3．考核工作必须在规定的时间内按时完成。

4．弄虚作假者，考核者与被考核者的绩效一律按总分 0 记分。

十一、考核仲裁

1．为保证考核的客观公正、持续改善考核方法，特成立考核小组，人员为各部门权责负责人，组长为人力资源部经理。

2．考核小组负责处理以下事务：

A、对考评人的监督约束；

B、考核投诉的处理；

C、讨论并通过各部门设定的绩效考核指标；

D、每半年检讨考核制度，视情况修订考核制度及指标。

3．被考核人对考核结果持有异议时，可在绩效面谈结束之后的三天内向考核小组提出仲裁，逾期不予受理。

4．考核小组接到被考核人的仲裁申请后，在考核面谈的第 5 天组织考核仲裁，仲裁结果为终审。

十二、绩效面谈

1．绩效面谈是提高绩效的有效途径，各部门主管权责主管必须在考核结束后一星期内安排绩效面谈，办公室职员的上司安排单独绩效面谈，普通员工可以"考核总结会议"的方式进行，但对于最优秀员工与最差员工，应予以单独面谈，并在考核结束后的 10 内将面谈记录原件交到人力资源部，部门留存复印件。

2．绩效面谈的内容详见考核表背面的《绩效面谈表》，面谈记录的内容将作为员工下一步绩效改进的目标、培训安排的参考。

十三、本办法执行初期每半年检视讨论一次，以后视实际执行需要修订，考核小组总结讨论后交人力资源部负责修订，呈报总经理审核后批准执行。

十四、本办法的解释权由人力资源部负责。

十五、本办法自公布之日起执行。

公司签章

年　月　日

9.4　股权激励授予协议书范本

甲方：×××员工

乙方：×××公司

根据《股票期权计划》的有关规定，本着自愿、公平、平等互利、诚实信用的原则，甲方与乙方就股票期权赠予、持有、行权等有关事项达成如下协议：

第一条　乙方承诺从年开始在年内向甲方赠予一定数量的股票期权，具体赠予数量由公司的薪酬委员会决定。甲方可在指定的行权日以行权价格购买公司的普通股。

第二条　股票期权的有效期为＿＿＿＿年，从赠予日起满年时股票期权失效。

第三条　股票期权不得转让，不能用于抵押及偿还债务。除非甲方丧失行为能力或者死亡，才可由其指定的继承人或法定继承人代其持有并行使相应权利。

第四条　甲方有权在赠予日满＿＿＿＿年开始行权，每半年行权1次。

第五条　甲方在前＿＿＿＿个行权日中的每个行权日拥有赠予数量1/6的行权权利，若某一行权日未行权，必须在其后的第1个行权日行权，但最后1个行权日必须将所有可行权部分行权完毕，否则，股票期权自动失效。

第六条　甲方若欲在某个行权日对其可行权部分实施全部行权或部分行权，则必须在该行权日前＿＿＿＿个交易日缴足现款。

第七条 甲方在行权后才能成为公司的注册股东，依法享有股东的权利。

第八条 当乙方被兼并、收购时，除非新的股东大会同意承担，否则甲方尚未行权的部分停止赠予，已赠予与未行权的部分必须立即行权。

第九条 当乙方送红股、转增股、配股、增发新股或被兼并等影响原有流通股东持有数量的行为时，需要对甲方持有的股票期权数量和行权价格进行调整，调整办法参照《股票期权计划》。

第十条 当甲方因辞退、解雇、退休、丧失行为能力、死亡而终止服务时，按照《股票期权计划》处理。

第十一条 乙方在赠予甲方股票期权时必须以《股票期权赠与通知书》的书面形式进行确认，甲方须在 1 个交易日以内在通知书上签字，否则视为不接受股票期权。

第十二条 甲方行权缴款后必须在行权日前以《股票期权行权通知书》的形式通知乙方，同时必须附有付款凭证。

第十三条 甲方向乙方保证理解并遵守《股票期权计划》的所有条款，并解释权在乙方。

第十四条 乙方将向甲方提供《股票期权计划》一份，在该计划的有效期间，若计划的条款有所变动，乙方应向甲方提供该等变动的全部详情。

第十五条 本协议所指的股票期权是给予甲方的一种权利，甲方可以在规定的时期内以约定的价格购买乙方的流通 A 股。

第十六条 本协议书所指的行权是指甲方以约定的价格购买乙方流通 A 股的行为。

第十七条 本协议书所指的行权价格是指甲方购买乙方流通 A 股的价格，等于赠予日前____个交易日的平均收市价。

第十八条 本协议书所指的赠予日是指乙方赠予甲方股票期权的日期。

第十九条 本协议书所指的行权日是指持有股票期权的甲方可以按照约定价格购买乙方流通的 A 股的日期。

第二十条 本协议书一式两份，甲乙双方各持一份。

第二十一条 本协议书未尽之事宜应由甲乙双方协商解决，并以双方同意的书面形式确定下来。

第二十二条　本协议书自双方签字或盖章完成之日起生效。

甲方（盖章）：　　　　　　　乙方（盖章）：×××公司

代表人（签字）：　　　　　　代表人（签字）：

年　月　日　　　　　　　　　年　月　日

9.5　股权转让协议范本

股权转让方：（以下简称"甲方"）

住所：

法定代表人：

电话：

股权受让方：（以下简称"乙方"）

住所：

法定代表人：

电话：

目标公司：（以下简称"丙方"）

住所：

法定代表人：

鉴于

1. 丙方系依法成立的（有限责任/股份）公司，截至本协议签署之日，丙方的注册资本为____万元人民币，甲方合法持有丙方____万元人民币的股权，占丙方注册资本的比例为____%；

2. 甲方愿意将其持有的、占丙方____%股权（以下简称"目标股权"）转让给乙方；

3. 丙方已经依法召开股东会，并按法律及公司章程规定通过对前述股权转让的决议；

4. 丙方的其他股东在同等条件下自愿放弃优先购买权。

根据《中华人民共和国公司法》、《中华人民共和国合同法》及其他法律、法规及有关部门规范性文件的相关规定，甲、乙双方本着平等互利、诚实信用的原则，就甲方将其合法持有的目标股权转让给乙方一事，达成如下协议：

1．丙方基本情况概述

（1）丙方成立于 2012 年 7 月 12 日，是由共同出资设立的有限责任/股份公司，注册号为_____，法定代表人为_____。

（2）经营期限自____年__月__日至____年__月__日，注册资本为人民币万元____。

各股东出资比例、认缴出资额如下：

① _____

② _____

③ _____

2．目标股权的转让价款的确定

乙方受让目标股权的转让价款总计为人民币____元。

3．过渡期间安排

（1）甲方在过渡期间不得提议召开丙方的董事会、股东会进行利润分配，不得提议召开丙方的董事会、股东会进行增资扩股。

（2）丙方在过渡期间若召开董事会、股东会，甲方应当就董事会、股东会的议案与乙方进行协商，甲方在丙方董事会、股东会就相关议案进行表决时应当按照乙方的指示，行使其相关职权。过渡期间内，甲方董事依乙方书面指示行使董事职权的行为后果由乙方负责。

（3）第 3.2 条约定有关董事、董事会部分甲方的过渡期义务是基于其在过渡期之前已向丙方派出了董事。如甲方在过渡期之前没有向丙方派出董事，则不承担此义务。

（4）第 3.2 条约定的有关股东、股东会部分的义务，自丙方的工商变更登记手续办理完毕之日起甲方不再承担此项义务。

4．目标股权权属转移

（1）甲、乙双方一致确认，自目标股权的工商变更登记手续办理完毕之日起，乙方享有目标股权并行使与目标股权相关的权利。

（2）本协议签订后，甲方应确保丙方将乙方的名称、住所及受让的出资额记载于股东名册，备妥有关文件到相关政府部门（包括但不限于工商行政管理局）办理完毕有关丙方股东变更登记手续，并办理公告事宜（如需要）。

（3）目标股权转让手续，应于本协议签订后____日内开始办理；如目标股权依法需报经有关政府部门审批或核准，审批或核准期间不计入本款约定的期间内。

5．风险及债权债务承担

自丙方工商注册登记等手续变更到乙方名下之日起债权债务发生转移，即乙方享有及承担自该日之后丙方所产生的债权债务，该日之前所产生的债权债务由甲方享有和承担。

6．陈述及保证

（1）甲、乙双方均就转让及受让目标股权依法履行了内部决策程序，本协议的签署人均获得合法有效的授权，有权签署本协议。

（2）甲方保证具有签约和履约能力，其股权转让行为已获得所有（包括但不限于丙方公司章程规定、其他股东同意其向股东以外第三人转让股权并放弃优先购买权）合法的、必要的决议、授权或同意，并且不会违反我国法律、法规及规章的强制性或禁止性规定。

（3）甲方保证其依法享有转让股权的处分权，在股权过户手续完成前，其持有目标股权符合有关法律或政策规定。其未在目标股权上设立任何质押或其他担保，或其他任何第三方权益。

（4）甲方保证丙方没有现已存在或可能涉及诉讼程序或其他法律程序，且无任何偷税、欠税及其他违法行为，否则由甲方承担由此引起的所有法律责任。若因上述原因乙方认为己方利益受损或可能受损，有权单方解除合同，违约责任由甲方承担。

（5）甲方承诺，及时、全面地向乙方提供其所需的丙方的信息和资料，尤其是丙方尚未向公众公开的相关信息和资料，以便于乙方更全面地了解其真实情况。

（6）甲方已经向乙方如实披露满足本次股权转让目的的重要资料，丙方开展经营范围内活动所需的全部证照、文件或其他资料，且保证各类资料及证件的真实性、合法性。

（7）甲方承诺，其向乙方所陈述与保证的有关丙方一切情况是真实的、详尽的，若其所做的任何陈述与保证被认定为不真实、不正确或者有误导成分，甲方将承担乙方为受让其股权而对丙方进行的调查所发生的一切费用，这些费用包括但不限于差旅费、律师费、评估费、审计费等。

（8）乙方对丙方资产及当地政府的有关政策有充分的了解并愿意在受让股权之后享受其权利、承担其义务，同时承诺按本协议约定按时向甲方足额支付转让价款并办理相关手续。

（9）乙方支付股权转让的资金具有合法来源，且不超过乙方净资产的50%；乙方股东会已根据公司章程依法通过受让甲方股权的决议。

（10）乙方将继续无保留、无歧视地支持丙方聘用的管理人员、技术人员和普通人员。

（11）乙方将支持丙方继续履行与原有客户之间的协议，继续进行其原有的特定项目。

（12）本协议签订后至股东变更登记完成前，本条款 6 条所陈述与保证的内容发生任何变化（包括但不限于丙方资产或股权的减损/转让或担保、丙方分派股利/红利或者签订新协议）必须事先征得乙方的书面同意，否则乙方有权解除本协议，并由甲方承担违约责任。

7．与目标股权转让有关的费用和税收承担

与目标股权转让行为有关的税收，按照国家有关法律、法规的规定承担。

8．违约责任

（1）本协议生效后，甲、乙双方应本着诚实信用的原则，严格履行本协议约定的各项义务。任何一方当事人不履行本协议约定义务的，或者履行本协议约定义务不符合约定的（该义务包括但不限于过渡期义务、保密义务等），视为违约，除本协议另有约定外，违约方应向对方赔偿因此受到的损失，该损失包括但不限于实际损失、预期损失和要求对方赔偿损失而支付的律师费、交通费和差旅费及先期支付的评估费用等。

（2）违约情形

① 甲、乙任何一方拒不履行、拖延履行股权变更登记协助义务。申请资料提供方未按规定及时提供申请资料，经登记部门书面提示或登记部门不予书面提示后经相关方书面催告后三日内未提供的，视为拖延履行；

② 乙方未按本协议约定履行付款义务；

③ 任何一方违反依据本协议或商业习惯形成的通知、保密和协助义务的。

（3）任何一方已按本协议的约定履行本身的义务而由于不可抗力且非自身过错造成的不能履行或部分不能履行本协议的义务将不视为违约。

9．保密

（1）除非本协议另有约定，各方应尽最大能力保证对在讨论、签订、执行本协议过程中所获悉的属于对方且无法自公开渠道获得的文件及资料（包括但不限于商业秘密、公司计划、运营活动、财务信息、技术信息、经营信息等）予以保密。但在披露时已成为公众日常可获取的资料和信息除外。

（2）未经该资料和文件的原提供方书面同意，不得在向除本协议项下双方及其雇员、律师和专业顾问外的任何第三方透露。双方应责成其高级管理人员、律师、专业顾问及其他雇员遵守本条所规定的保密义务。

（3）任何一方依照法律、行政法规的要求，有义务向有关政府部门披露，或任何一方因其正常经营所需，向其直接法律顾问和财务顾问披露上述保密信息。

（4）如本次股权转让未能完成，双方负有相互返还或销毁对方提供之信息资料的义务。

（5）该条款第 9 条所述的保密义务在本协议终止后继续有效。

10．协议的变更或者解除

（1）本协议的任何变更均须双方协商后由双方签署书面文件才正式生效，并应作为本协议的组成部分，协议内容以变更后的内容为准。若双方对协议内容进行过两次以上变更，以最终变更内容为准。

（2）具有下列情形之一的，一方可书面通知另一方解除协议，协议自通知送达对方之日解除，甲方已收取的款项应当在协议解除后＿个工作日内退还乙方（不包括期间已付款孳生的利息），除此之外双方均不再承担其他任何责任。

① 因不可抗力事件致本协议无法履行，或者自不可抗力时间发生之日起三十日内无法恢复履行的；

② 非因甲、乙任何一方过错，在申请提交有关行政部门后 30 日内仍无法获得批准、核准或无法办理工商变更登记致使本协议无法履行的。

（3）协议解除的，双方在本协议项下的权利义务终止。

（4）凡在本协议终止前由于一方违约致使另一方遭受的损失，另一方仍有权提出索赔，不受本协议终止的影响。

11．不可抗力

（1）不可抗力包括下列情况：

① 宣布或未宣布的战争、战争状态、封锁、禁运、政府法令，直接影响本次股权转让的；

② 直接影响本次股权转让的国内骚乱、丙方员工罢工或暴动；

③ 直接影响本次股权转让的火灾、水灾、台风、飓风、海啸、地震以及其他自然因素所导致的事件；

④ 各方同意的其他能够直接影响本次股权转让的不可抗力事件。

（2）若发生不可抗力事件，履行本协议受阻的一方应以最便捷的方式毫无延误地通知对方，并在不可抗力事件发生的三天内向对方提供该事件的详细书面报告，受到不可抗力影响的一方应当采取所有合理行为消除不可抗力的影响及减少不可抗力对对方造成的损失，各方应根据不可抗力事件对履行本协议的影响，决定是否终止或推迟本协议的履行，或部分或全部地免除受阻方在本协议中的义务。

12．争议解决

（1）双方因履行本协议发生任何争议，应本着友好协商原则进行协商解决；若协商未果，应向＿＿＿＿方所在地人民法院提起诉讼。

（2）本协议的有效性、解释、履行和争议解决应适用中华人民共和国现行法律、行政法规、规章及相关强制性规定（香港、台湾、澳门除外）。

13．其他条款

（1）本协议期限从双方签字盖章之日起至丙方工商注册登记等手续变更到乙方名下，且本协议相应的权利义务全部履行完毕之日止。

（2）本协议所有附件是本协议的一部分，与本协议具有同等法律效力。

（3）本协议一方对对方的任何违约及延误行为给予任何宽限或延缓，不能视为该方对其权利和权力的放弃，亦不能损害、影响或限制该方依据本协议和有关法律、法规应享有的一切权利和权力。

（4）如果本协议的某个或多个条款依我国法律、法规被认定为非法、无效或不可执行，该无效条款的无效、失效和不可执行不影响亦不损害其他条款的有效性、生效性和可执行性。本协议各方应停止履行该无效、失效和不可执行之条款，并在最接近该条款原意的范围内诚信协商，进行修正。

（5）本协议未做约定或约定不明确的，双方可签订补充协议予以补充，补充协议与本协议具有同等法律效力；补充协议与本协议有冲突的，以补充协议为准；多份补充协议存在冲突的，以最后补充协议的约定内容为准。

（6）本协议规定一方向他方发出的通知或书面函件（包括但不限于本协议项下所有要约、书面文件或通知）均应通过书面递交、专递信函、传真等方式送交相应一方。通知在下列日期视为送达：

① 由挂号信邮递，发出通知一方持有的挂号信回执所示日；

② 由传真传送，收到回复码或成功发送确认条后的下一个工作日；

③ 由特快专递发送，以收件人签收日为送达日，非因不可抗力事由收件人未签收的，以寄出日后第三个工作日为送达日。

甲方指定送达地址为：＿＿＿＿＿＿＿＿＿＿＿＿＿＿＿＿

乙方指定送达地址为：＿＿＿＿＿＿＿＿＿＿＿＿＿＿＿＿

（7）本协议各方均确认其充分知晓并理解本协议中全部条款的实质含义及其相应的法律后果，并基于此种理解，签署本协议。

（8）本协议正本一式肆份，甲乙双方各执一份，丙方执一份，提交工商登记部门备案一份，具有同等法律效力。

（9）本协议经双方法定代表人签字并加盖公章之日起生效。

附件：

1．丙方的资产及其构成（附件一）

2．甲、乙双方及丙方有效营业执照（附件二）

3．甲方股东会决议（附件三）

4．乙方股东会决议（附件四）

5．丙方股东会决议（附件五）

（以下无正文）

甲方（盖章）：   乙方（盖章）：

法定代表人签字：   法定代表人签字：

年   月   日   年   月   日

9.6　期权协议模板

甲方：

乙方：

基于公司长期发展的考虑，从人力资源开发的角度出发，为激励人才，留住人才，甲乙双方本着自愿、公平的原则，根据《公司法》、《合同法》及本公司章程的约定、针对本公司股权期权购买、持有、行权等有关事项达成如下协议：

第一条　公司基本状况及甲方权限

公司注册资本为人民币：＿＿＿＿＿＿＿元，实际资本：＿＿＿＿＿＿＿元，其中甲方的出资额为人民币：＿＿＿＿＿＿＿＿元，占公司注册资本的＿＿＿＿＿＿＿％。甲方授权当乙方在符合本协议约定条件的情况下，有权以优惠价格认购甲方持有的公司＿＿＿＿＿＿＿％的股权。

第二条　股权认购准备

准备期：乙方与公司建立劳动合同关系连续满＿＿＿＿＿＿年并且符合本

协议约定的考核标准，即开始进入认购准备期。

乙方对甲方上述股权的认购准备期共为_____年。

第三条　准备期内权益分配

在股权准备期内，本协议第一条所指的授权乙方认购的公司_____%的股权仍属甲方所有，乙方不具有股东资格，也不享有相应的股东权利。但甲方同意自乙方进入股权准备期以后，将部分股东分红权给乙方。乙方获得的分红比例为准备期满第一年享有公司_____%的股东分红权，准备期第二年享有公司_____%的股权分红权，具体分红时间依照公司章程及公司股东会决议、董事会决议执行。

第四条　股权认购行权期

1. 乙方持有的股权认购权，自_____年预备期满后即进入行权期。行权期限为_____年。在行权期内乙方未认购甲方持有的公司股权的，乙方仍然享有预备期的股权分红权，但不具有股东资格，也不享有股东其他权利。超过本协议约定的行权期乙方仍不认购股权的，乙方丧失认购权，同时也不再享受预备期的分红权待遇。

股权期权持有人的行权期为_____年，受益人每一年以个人被授予股权期权数量的二分之一进行行权。

2. 乙方的行权选择权

乙方所持有的股权认购权，在行权期间，可以选择行权，也可以选择放弃行权。甲方不得干预。

第五条　准备期及行权期的考核标准

1. 乙方在公司履行职务期间，每年实现净利润不少于人民币：_____万元或者实现销售指标为：_____万元　。

2. 甲方对乙方的考核分为季度考核与年度考核，乙方如在准备期和行权期内每年均符合考核标准，即具备行权资格。具体考核办法、程序可由甲方授权公司董事会执行。

第六条　乙方丧失行权资格的情形

在本协议约定的行权期到来之前或者乙方尚未实际行使股权认购权（包括准备期及行权期），乙方出现下列情形之一，即丧失股权行权资格：

1. 因辞职、辞退、解雇、退休、离职等原因与公司解除劳动协议关系的；

2. 丧失劳动能力或民事行为能力或死亡的；

3. 刑事犯罪被追究刑事责任的；

4. 履行职务时，存在违反《公司法》或者《公司章程》及相关限制性管理要求，损害公司利益的行为；

5. 履行职务时的错误行为，致使公司利益受到重大损失的；

6. 没有达到规定的业务指标、利润指标、销售指标、人才指标等，或者经公司认定对公司亏损、经营业绩下降负有直接责任的；

7. 不符合本协议第六条约定的考核标准或者存在其他重大违反公司规章制度的行为。

第七条　行权价格

乙方同意在行权期内认购股权的，认购价格为人民币：_____元，即每_____%的股权乙方须付甲方认购款人民币：_____元。乙方每年认购股权的比例为_____%。

第八条　股权转让协议

乙方同意在行权期内认购股权的，甲乙双方应当签订正式的股权转让协议，乙方按本协议约定向甲方支付股权认购款后，乙方成为公司的正式股东，依法享有相应的股东权利。甲乙双方应当向工商管理部门办理变更登记手续，公司向乙方签发股东权利证书。

第九条　乙方转让股权的限制性规定

乙方受让甲方股权成为公司股东后，其股权转让应当遵守以下约定：

1. 乙方转让其股权时，甲方具有优先购买权，即甲方拥有优先于公司其他股东及任何外部人员的权利，转让价格为：_____元：

① 在乙方受让甲方股权后，_____年内（含3年）转让该股权的，股权转让价格依照第八条执行；

② 在乙方受让甲方股权后，3年以上转让该股权的，每_____%的股权价格依转让时，以公司上一个月财务报表中的每股净资产状况为准。

2．甲方放弃优先购买权的，公司其他股东有权按前述价格购买，其他股东亦不愿意购买的，乙方有权向股东以外的人转让，转让价格由乙方与受让人自行协商，甲方及公司均不得干涉。

3．甲方及其他股东接到乙方的股权转让事项书面通知之日起满三十日未答复的，视为放弃优先购买权。

4．乙方不得以任何方式将公司股权用于设定抵押、质押、担保、交换、还债。乙方股权如被人民法院依法强制执行的，参照《公司法》第七十三条规定执行。

第十条　关于聘用关系的声明

甲方与乙方签署本协议不构成甲方或公司对乙方聘用期限和聘用关系的任何承诺，公司对乙方的聘用关系仍按劳动协议的有关约定执行。

第十一条　免责条款

属于下列情形之一的，甲、乙双方均不承担违约责任：

1．甲、乙双方签订本股权期权协议是依照协议签订时的国家现行政策、法律法规制定的。如果本协议履行过程中遇法律、政策等的变化致使甲方无法履行本协议的，甲方不负任何法律责任；

2．本协议约定的行权期到来之前或者乙方尚未实际行使股权认购权，公司因破产、解散、注销、吊销营业执照等原因丧失民事主体资格或者不能继续营业的，本协议可不再履行；

3．公司因并购、重组、改制、分立、合并、注册资本增减等原因致使甲方丧失公司实际控制人地位的，本协议可不再履行。

第十二条　争议的解决

本协议在履行过程中如果发生任何纠纷，甲乙双方应友好协商解决，协商不成，任何一方均可向公司所在地的人民法院提起诉讼。

第十三条　附则

1．本协议自双方签章之日起生效。

2．本协议未尽事宜由双方另行签订补充协议，补充协议与本协议具有同等效力。

3．本协议一式三份，甲乙双方各执一份，所在公司保存一份，三份具有同等效力。

甲方：   乙方：

（签章）   （签章）

年   月   日   年   月   日

9.7　限制性股权激励协议模板

甲方

名称：

法人：

地址：

电话：

传真：

乙方

姓名：

身份证号码：

身份证地址：

现住址：

联系电话：

根据《合同法》和《××股份有限公司股权激励制度》的有关规定，本着自愿、公平、平等互利、诚实信用的原则，甲乙双方就以下有关事项达成如下协议：

1．本协议书的前提条件

（1）乙方在＿＿＿＿年＿＿月＿＿日前的职位为甲方公司总经理之职。

（2）在＿＿＿＿年＿＿月＿＿日至＿＿＿＿年＿＿月＿＿日期间，乙方的职位为甲方公司总经理之职。若不能同时满足以上 2 个条款，则本协议失效。

2．限制性股份的考核与授予

（1）由甲方的薪酬委员会按照《×××公司××××年度股权激励计划》中的要求对乙方进行考核，并根据考核结果授予乙方相应的限制性股份数量。

（2）如果乙方考核合格，甲方在考核结束后____天内发出《限制性股份确认通知书》。

（3）乙方在接到《限制性股份确认通知书》后____天内，按照《限制性股份确认通知书》规定支付定金。逾期不支付，视为乙方放弃《股权确认通知书》中通知的限制性股份。

3．限制性股份的权利与限制

（1）本协议的限制性股份的锁定期为____年，期间为____年__月__日至____年__月__日。

（2）乙方持有的限制性股份在锁定期间享有与注册股相同的分红权益。

（3）乙方持有限制性股份锁定期间不得转让、出售、交换、记账、质押、偿还债务。

（4）当甲方发生送红股、转增股份、配股和向新老股东增发新股等影响甲方股本的行为时，乙方所持有的限制股根据《×××股份有限公司股权激励制度》进行相应调整。

（5）若在锁定期内公司上市，公司将提前通知乙方行权，将乙方的限制性股份转为公司注册股。行权价格以《限制性股份确认通知书》中规定或董事会规定为准。

4．本协议书的终止

（1）在本合同有效期内，凡发生下列事由（包括但不限于），自情况核实之日起即丧失激励资格、考核资格、取消剩余分红，情节严重的，公司依法追究其赔偿责任并有权给予行政处分，行政处分包括但不限于停止参与公司一切激励计划、取消职位资格甚至除名。构成犯罪的，移送司法机关追究刑事责任。

因不能胜任工作岗位、违背职业道德、失职渎职等行为严重损害公司利益或声誉而导致的降职。

公司有足够的证据证明乙方在任职期间，由于受贿索贿、贪污盗窃、泄漏公司经营和技术秘密、损害公司声誉等行为，给公司造成损失的。

开设相同或相近的业务公司；自行离职或被公司辞退；伤残、丧失行为能力、死亡；违反公司章程、公司管理制度、保密制度等其他行为；违反国家法律法规并被刑事处罚的其他行为。

（2）在拥有限制性股份锁定期间，无论何种原因离开公司的，甲方将无条件收回乙方的限制性股份。

5．行权

（1）行权期本协议中的限制性股份的行权期为 2019 年 1 月 15 日至 2019 年 1 月 31 日。

（2）行权价格以《限制性股份确认通知书》中规定为准。

（3）行权权力选择。

乙方若不想长期持有，公司可以回购其股份，价格根据现净资产的比例支付或协商谈判。

乙方希望长期持有，则甲方为其注册，成为公司的正式股东，享有股东的一切权利。

6．退出机制

（1）在公司上市及风投进入前，若持股人退股。

若公司亏损，被激励对象需按比例弥补亏损部分。

若公司盈利，公司原价收回。

（2）若风投进入公司后，持股人退股，公司按原价的 150%收回。

（3）若上市后持股人退股，由持股人进入股市进行交易。

7．其他事项

（1）甲乙双方根据相关税务法律的有关规定承担与本协议相关的纳税义务。

（2）本协议是公司内部管理行为。甲乙双方签订协议并不意味着乙方同时获得公司对其持续雇佣的任何承诺。乙方与本公司的劳动关系，依照

《劳动法》以及与公司签订的劳动合同办理。

（3）乙方未经甲方许可，不能擅自将本协议的有关内容透露给其他人员。如有该现象发生，甲方有权废止本协议并收回所授予的股份。

8. 争议与法律纠纷的处理

（1）甲乙双方发生争议时

《××××有限公司股权激励管理制度》已涉及的内容，按《××××有限公司股权激励管理制度》及相关规章制度的有关规定解决。

《××××有限公司股权激励管理制度》未涉及的部分，按照甲方《股权激励计划》及相关规章解决。

公司制度未涉及的部分，按照相关法律和公平合理原则解决。

（2）乙方违反《××××有限公司股权激励管理制度》的有关约定、违反甲方关于激励计划中的规章制度或者国家法律政策，甲方有权视具体情况通知乙方，终止与乙方的激励协议而不需要承担任何责任。乙方在协议书规定的有效期内的任何时候，均可通知甲方终止股权协议，但不得附加任何条件。若因此给甲方造成损失，乙方应承担赔偿损失的责任。

（3）甲乙双方因履行本协议或与本协议有关的所有纠纷应首先以友好协商方式解决，如双方无法通过协商解决的，任何一方可将争议提交甲方所在地人民法院解决。

9. 本协议经甲乙双方签字盖章后生效。本协议一式两份，双方各执一份，两份具有同等法律效力。

甲方盖章：

法人代表签字：   乙方签字：

日期：____年 __月 __日   日期：____年 __月 __日